公允价值分层计量
对企业的影响研究

Gongyun Jiazhi Fenceng Jiliang
Dui Qiye De Yingxiang Yanjiu
jiyu tiaojian wenjianxing yu rongzi chengben de shijiao

基于条件稳健性与融资成本的视角

于谦龙 ◎著

企业管理出版社
ENTERPRISE MANAGEMENT PUBLISHING HOUSE

图书在版编目（CIP）数据

公允价值分层计量对企业的影响研究：基于条件稳健性与融资成本的视角 / 于谦龙著 . —北京：企业管理出版社，2023.9

ISBN 978-7-5164-2888-7

Ⅰ.①公… Ⅱ.①于… Ⅲ.①价值—计量—影响—企业管理—成本管理—研究 Ⅳ.①F275.3

中国国家版本馆CIP数据核字（2023）第168665号

书　　名：	公允价值分层计量对企业的影响研究：基于条件稳健性与融资成本的视角
书　　号：	ISBN 978-7-5164-2888-7
作　　者：	于谦龙
策　　划：	蒋舒娟
责任编辑：	蒋舒娟
出版发行：	企业管理出版社
经　　销：	新华书店
地　　址：	北京市海淀区紫竹院南路17号　邮　编：100048
网　　址：	http://www.emph.cn　电子信箱：26814134@qq.com
电　　话：	编辑部（010）68701661　发行部（010）68701816
印　　刷：	北京虎彩文化传播有限公司
版　　次：	2023年9月第1版
印　　次：	2023年9月第1次印刷
开　　本：	710mm×1000mm　1/16
印　　张：	13.25印张
字　　数：	207.7千字
定　　价：	76.00元

版权所有　翻印必究　·　印装有误　负责调换

前言 PREFACE

党的十九大报告指出："健全金融监管体系，守住不发生系统性金融风险的底线"。2018年2月发生了安邦集团被接管的事件；2019年5月，中国银行、银保监会对包商银行实施接管；2020年7月新时代证券、国盛证券等9家金融机构被接管；2021年5月浙江省联社接管温州银行。上述重大事件的发生，再叠加2019年年末开始的新冠疫情，很多企业面临融资困难，当前我国金融风险防范的任务就更具有紧迫性。公允价值计量是金融资产与负债普遍使用的计价方法，从公允价值计量信息的有偏风险入手，将会助力上述问题的解决，因此，本书相关主题的研究意义重大。

财政部于2014年1月26日发布了《企业会计准则第39号——公允价值计量》，要求报告实体自2014年7月1日起施行该会计准则，鼓励在境外上市的企业提前执行。公允价值在《企业会计准则第39号——公允价值计量》中的定义为"市场参与者在计量日发生的有序交易中，出售一项资产所能收到或者转移一项负债所需支付的价格"。《企业会计准则第39号——公允价值计量》要求报告实体将应用于公允价值计量的输入值分为三个层次，并按第一层次、第二层次和第三层次的顺序使用输入值，旨在使公允价值计量与其相关披露更一致。第二层次、第三层次的输入值是需要利用估值技术进行调整的，现行的《企业会计准则——应用指南》中并没有统一的规则来规范估值技术的使用，这导致了企业进行公允价值分层计量时对估值方法的选择空间较大，所披露的信息具有一定的偏好性。估值技术使用不规范增加了输入值的随意性，为企业操纵金融资产和负债的账面价值提供了可能，同时给审计工作造成了一定的难度，也导致报表使用者对公司状况的分析更为困难。

本书内容主要包括以下四个方面。

（1）通过案例，例解不同项目公允价值分层计量的估值技术的选择和层次的确认与转换，旨在为上市公司提供具有普适性的应用参考。

（2）公允价值分层计量信息中的条件稳健性研究。验证上市公司公允价值计量项目不同层次中条件稳健性的存在性，并验证这种存在性在年平均营业利润中的经营活动现金持有量占比（利润质量维度）、审计质量维度、内部控制质量维度分组环境下的异质性。

（3）对公允价值分层计量信息对权益资本（股权融资）成本的影响进行实证研究，并测试内部控制质量对这种影响的调节作用。

（4）围绕公允价值变动与公允价值分层计量两个方面，探究了2014年后公允价值计量项目对债券信用利差（融资成本）的影响。

笔者在本书绪论的文献综述部分，通过对各个主题的文献评述，挖掘本书各主题的研究价值，并在第 2～5 章中进一步明晰各主题的研究价值与意义。

于谦龙

2023 年 3 月 1 日

目录 CONTENTS

第1章 绪论 **001**
  1.1 研究背景与意义 001
  1.2 基本概念与相关理论 002
    1.2.1 基本概念 002
    1.2.2 相关理论 007
  1.3 文献综述 014
    1.3.1 公允价值分层计量不同项目的估值、结构 014
    1.3.2 公允价值分层计量会计信息的优点、风险与治理 017
    1.3.3 公允价值分层计量信息的价值相关性 023
    1.3.4 公允价值分层计量对条件稳健性的影响 026
    1.3.5 公允价值分层计量对权益资本（股权融资）成本的影响 027
    1.3.6 公允价值分层计量对公司债券信用利差（融资成本）
          的影响 034
  1.4 研究思路 039
  1.5 研究内容 039

第2章 公允价值分层计量案例研究 **041**
  2.1 引言 041
    2.1.1 研究背景 041

2.1.2　研究意义 …………………………………………………… 042
　2.2　上市公司公允价值分层计量中存在的主要问题 ……………… 042
　2.3　公允价值计量的估值技术、披露与案例分析 ………………… 045
　　　2.3.1　公允价值的估值技术选择与披露 ………………………… 045
　　　2.3.2　公允价值估值与层次确定的案例分析 …………………… 049
　2.4　公允价值计量中层次之间转换的案例分析 …………………… 052
　　　2.4.1　公允价值层次转换的案例分析 …………………………… 053
　　　2.4.2　层次转换的案例分析总结 ………………………………… 058
　2.5　小结 ……………………………………………………………… 058

第3章　公允价值分层计量对条件稳健性的影响研究　　060
　3.1　引言 ……………………………………………………………… 060
　3.2　研究设计 ………………………………………………………… 061
　　　3.2.1　研究假设 …………………………………………………… 061
　　　3.2.2　样本选择、模型构建与变量设计 ………………………… 062
　3.3　实证分析 ………………………………………………………… 065
　　　3.3.1　描述统计与相关分析 ……………………………………… 065
　　　3.3.2　回归分析与稳健性分析 …………………………………… 068
　　　3.3.3　进一步分析 ………………………………………………… 071
　3.4　小结 ……………………………………………………………… 080

第4章　公允价值分层计量对权益资本（股权融资）成本的影响研究 …… 081
　4.1　引言 ……………………………………………………………… 081
　　　4.1.1　研究背景 …………………………………………………… 081
　　　4.1.2　研究意义 …………………………………………………… 083
　4.2　研究设计 ………………………………………………………… 085
　　　4.2.1　研究假设 …………………………………………………… 085
　　　4.2.2　样本选择与数据来源 ……………………………………… 090
　　　4.2.3　变量定义 …………………………………………………… 091
　　　4.2.4　模型构建 …………………………………………………… 097

4.3 实证分析 ··· 098
    4.3.1 描述性统计分析 ·· 098
    4.3.2 相关性分析 ·· 100
    4.3.3 回归分析 ··· 103
    4.3.4 稳健性检验 ·· 108
    4.3.5 进一步分析 ·· 117
4.4 小结 ··· 120

第 5 章 公允价值分层计量对公司债券信用利差（融资成本）的影响研究 ·········· 123

5.1 引言 ··· 123
    5.1.1 研究背景 ··· 123
    5.1.2 研究意义 ··· 126
5.3 研究设计 ··· 128
    5.3.1 研究假设 ··· 128
    5.3.2 样本选择与数据来源 ··· 132
    5.3.3 变量定义 ··· 135
    5.3.4 模型构建 ··· 140
5.4 实证分析 ··· 142
    5.4.1 描述性统计 ·· 142
    5.4.2 相关性分析 ·· 143
    5.4.3 回归分析 ··· 146
    5.4.4 稳健性检验 ·· 151
    5.4.5 进一步分析 ·· 160
5.5 小结 ··· 171

第 6 章 研究结论、建议与展望 ·········· 174

6.1 研究结论 ··· 174
    6.1.1 有关公允价值分层计量的结论 ·························· 174
    6.1.2 公允价值分层计量对条件稳健性影响的结论 ······ 174

    6.1.3 公允价值分层计量对权益资本成本影响的结论 …………… 175
    6.1.4 公允价值分层计量对公司债券信用利差影响的结论 ………… 175
  6.2 建议与展望 …………………………………………………………… 176
    6.2.1 有关公允价值分层计量的建议与展望 ………………………… 176
    6.2.2 公允价值分层计量对条件稳健性影响的建议与展望 ………… 177
    6.2.3 公允价值分层计量对权益资本成本影响的建议与展望 ……… 178
    6.2.4 公允价值分层计量对公司债券信用利差影响的建议与
       展望 ……………………………………………………………… 180

参考文献 …………………………………………………………………… 183

后记 ………………………………………………………………………… 203

第1章
绪论

1.1 研究背景与意义

中国作为迅速增长的新兴资本市场，吸引了众多投资者与学者的关注。由于我国市场经济起步晚、发展慢等，公允价值计量模式的引入相对较晚，并且前期对公允价值的认可度并不高，大量的有关公允价值的内容未被保留。2006年，我国颁布许多新的会计准则，公允价值计量模式重回大众的视野。然而时隔两年，2008年，国际金融危机突然爆发，人们对公允价值有了新质疑。2014年，《企业会计准则第39号——公允价值计量》（CAS 39）发布，给出了公允价值计量的方法以及分三个层次进行披露的规范，奠定了公允价值在我国资本市场中的地位。

公允价值是市场参与者，应该在公平、公正和自愿基础上进行有序交易，资产或负债项目应体现资产销售所得和转移负债项目所支付的金额。针对公允价值计量的会计准则是为了提高公允价值评估实体之间的可比性，而对于非活跃市场情况下的公允价值计量，我国目前的会计准则只做出了原则上的规定，但没有可操作性的指南能为企业提供指导，而对资产及负债的公允价值估量可能影响投资者对公司未来业绩的预测，因此规范性较强的应用指南有助于公司进行公允价值的计量、披露，有助于报表使用者有效分析公司的财务状况。

有些学者认为公允价值计量有时是"神话计价"（mark-to-myth）或"虚构来计价"（Weil，2007），这些价值往往会被投资者"打折"估计（Kolev，2008；Song，2010；Goh，2015）。当某交易项目不存在活跃交易市场时，公司需要自由裁量该项目的价格。公允价值计量信息的有偏风险主要来自第三层次不可观察的输入值信息,部分来自第二层次的近似输入值,第二层次、第三层次项目的计价方式为各种动机的"有偏"估价行为提供了"土壤"。为什么公允价值分层信息是"有偏的"?如何使得不可靠的信息流被"纠偏"?公允价值分层计量信息如何影响股权融资(权益资本成本)、债券融资成本(限于各公司银行借款利率数据的获取难度,银行借款等债务融资成本不在本研究的范围之内)?如同任何新生事物,公允价值计量正在面对出牙期的阵痛(teething troubles),它需要被给予营养以度过它的婴儿期。金融业是国民经济的核心,公允价值计量是金融业普遍使用的计价方法,在 2008 年的国际金融危机中,公允价值信息对金融危机起到推波助澜的作用。基于更好地规范公允价值分层计量应用的初衷,从公允价值计量的估值、层次确定与转换的案例分析,公允价值分层计量对条件稳健性的影响,公允价值分层计量对融资成本(股权成本、债券融资成本)的影响展开研究;以期更充分地认识我国企业使用公允价值计量的现状与其运作规律,最大限度地发挥公允价值分层计量的信息优势,为最高最佳使用公允价值计量提供操作范式,为会计处理、融资方、投资人、债权人、监管方等决策提供参考,并促进资本市场上有限资源的有效配置。

1.2 基本概念与相关理论

1.2.1 基本概念

(1)公允价值及其分层计量

①公允价值计量方法在国内外的演进

公允价值是市场参与者在有序交易中,进行资产销售所得和转移负债项目所支付的金额。美国财务会计准则委员会(Financial Accounting Standards Board,FASB)以此定义为基础,从三个方面对公允价值进行揭示,从而平衡公允价值信息的相关性和可靠性,便于信息使用者更好地识别公允价值计量所隐含的信息风险。这里需要注意三点:第一,这里的价格指的是"脱手价格",而不是"入手价格";第二,交易既可以是实际发生的,也可对可能发生的交易进行预想;第三,有序交易实现的场所必须是资产或负债的主要市场,在特殊情况下,也可用最有利于资产或负债的市场替代。在公允价值的发展过程中,FASB 在 2006 年发布的第 157 号准则《公允价值计量》是公允价值计量的一块里程碑,在其应用与会计准则的推进方面,都起到至关重要的作用。

在我国会计计量属性中,历史成本计量方法一直是"龙头老大",所以引进公允价值的过程并不顺利,过程中经历了三个阶段:接纳、摒弃和重新接纳。首次提出应用公允价值的是《企业会计准则第 12 号——债务重组》(2006),其主要参考国际会计准则的内容,我国由此开始对公允价值的初步尝试。然而在实务中,公允价值计量需要管理层的主观判断,部分企业便开始耍心机,借助公允价值估值来操纵利润、粉饰报表,造成财务信息不真实、投资者利益受损,引发了众多学者对公允价值的怀疑,因此,在国内推行公允价值应用的计划暂时搁浅。直到 2014 年的 CAS 39 发布,重新将公允价值的应用提上日程,结束了公允价值长达 8 年的冷冻期。2014 年我国 CAS 39 号文件在内容上与 SFAS 157 和 2011 年发布的《国际财务报告准则第 13 号——公允价值计量》(IFRS 13)达成一致,实现与国际的接轨。从公允价值的国内外发展历程可知,即使同一时期不同国家对公允价值的理解不完全一致,但随着经济全球化的不断发展、跨国交易的频繁发生,各国对公允价值的解释会相互影响,最终走向趋同。

②公允价值分层计量的内容

CAS 39 要求公司应该将公允价值计量项目的输入值分成三个层次,并按第一层次、第二层次和第三层次的顺序使用输入值,旨在使公允价值计量与其相关披露更一致。各个层次输入值的要求如表 1-1 所示。

表 1-1 公允价值层次的划分

层 次	输 入 值
第一层次	在计量日能够取得的相同资产或负债在活跃市场中未经调整的报价
第二层次	除第一层次输入值外,相关资产或负债直接或间接可观察的输入值
第三层次	相关资产或负债的不可观察输入值

如表 1-1 所示，当在活跃市场中，存在着与计量对象相同报价的资产或负债时，报价无须调整，因此第一层次的输入值是最可靠的。企业以第二层次输入值计量资产或负债的公允价值时，需要按该资产或负债的特点调整第二层次输入值。例如，资产目前的运行状态或者所处区域、输入值与所选参照物的数据相关性、可观察输入值的市场活动水平等。CAS 39 规定："企业只有在相关资产或负债不存在市场活动或者市场活动很少导致相关可观察输入值无法取得或取得不切实可行的情况下，才能使用第三层次输入值，即不可观察输入值"。企业在采用不可观察输入值评估相关资产或负债时，应当披露计量过程中所使用的假设。由此可见，第二、第三层次的输入值是需要利用估值技术进行调整的。在现行的《企业会计准则——应用指南》中并没有统一的规则来规范估值技术的使用。目前常用的公允价值技术有市场法、收益法和成本法，然而并没有相关的通用准则说明如何进行估值技术的选择，因此企业在进行公允价值分层计量时对估值方法的选择空间比较大，这导致了公司在资产和负债的公允价值计量过程中对所披露的信息具有一定的偏好性和选择性。估值技术的不规范增加了输入值的随意性，为企业操纵资产和负债的账面价值提供可能，同时给审计工作造成一定难度，也导致报表使用者对公司状况的分析更加困难。

（2）权益资本成本

1958 年，Modigliani 和 Miller 提出 MM 理论，引领对资本成本的研究。资本成本，对资金提供者而言，是一种机会成本，也是进行投资取得的收益表现，属于正常的价值交换。从使用者角度分析，资本成本是在他们使用过程中应该付出的等量的占有和支配代价。因此，资本成本是企业运营资金活动中较为重要的概念，企业在进行投融资决策时必须考虑它。企业进行债务融资会产生债务成本，进行股权融资会产生权益成本。选择发行不同种类的股票，就会产生不同类别的权益成本，如普通股成本、优先股成本，而企业自身经营也有一定的留存，这些都属于权益资本成本的广义范围。狭义的权益资本成本仅指普通股成本。效仿以往学者的做法，本书只探讨狭义的权益资本成本。

可以从两个角度理解权益资本成本：一方面结合投资产生的收益分析，权益资本成本是股东应获取的回报,相比于同类投资取得的补偿收益;另一方面是公司经营所获取的资金支持,应对股权所有者支付一定比例的成本价值。通过对股权收益产生的风险进行分析,Lambert 等(2007)指出权益资本成本可以根据相应风险函数计算得出;投资者在实施投资行为时需要全面、综合考虑被投资企业的经营风险和信息风险,由此确定回报率。从获取收益的角度分析,李姝等(2013)认为,企业将股东权益资金用于发展需要付出一定的代价。相对债务成本,权益资本成本有三个基本特征:一是度量方式相对复杂;二是波动性大,因为权益资本成本是对预期风险的反映,而股权投资的不确定性相对较大;三是和资本市场密切相关,股票市场的波动随即会体现在权益资本成本中。另外,股权融资成本和权益资本成本实际是等值的,只是这两个概念在研究视角上有所不同,前者是站在筹资者的角度,后者是站在投资者的角度。

  回顾文献可以发现,估算权益资本成本的模型众多,但孰优孰劣,国内外学者尚未达成一致意见。结合当前使用状况,其中一种模型是根据预测数据产生的事前度量;另一种为结合实现的数据分析形成的事后度量。事前度量模型主要通过投资者预期想要获取的回报数额大小,不依赖已经实现的回报率,其估算的权益资本成本是事前权益资本成本。按照不同的方式,事前度量模型可分为多种,既有通过收益分析产生的 GLS 模型,也有考虑利润增长的 Gordon 模型,还有 PEG 模型等。结合实现的收益数值,对权益资本成本进行估算属于事后度量范畴,此种方式也包含了多种模型,主要有 CAPM、APT 以及 Fama-French 三因子,它们从不同角度进行了权益分析;由于事后度量要求资本市场具有稳定性,所产生的收益应完全符合预期,但是现实中这一条件很难实现,所以研究者对这类模型的可靠性和科学性提出怀疑。我国学者对权益资本成本的研究,在很长一段时间内主要关注事后权益资本成本,原因是那个时候我国对财务分析师的预测不够重视,但随着资本市场的发展,我国财务分析师的预测信息也变得更有参考价值。

  CAPM 模型只考虑市场风险,未考虑公司的特有风险,估算结果不太准确;APT 模型涉及很多影响因素,学者对此争论不休,因此它的适用性不强;GLS 模型需要用到很多期假定的预测盈余,估算结果不准确;PEG 模型不受股利政策的限制，数据易于获取，而且很多学者证明其估算的权益资本成本更可信（毛新述等，2012）。

(3) 信用利差

信用利差是指为弥补投资者所承担的超出无风险利率债券的风险，而收到的高于无风险利率的收益。

信用利差 = 债券的收益率 – 相应的无风险债券的收益率

通常以国债作为无风险利率的衡量，公司债券存在一定的风险溢价，其中以信用风险为主，指发债公司在债券到期日不能够还本付息的风险。一般认为，债券中的风险包括信用（违约）风险、流动性风险和期限风险。在债券市场，信用风险（也称违约风险）可以狭义地理解为，债务人由于丧失偿债能力等，放弃还本付息给投资人（债权人）带来损失的可能性。债券投资者期望得到定期的利息支付，但是发行债券的主体存在违约的可能性，债券投资者面临着不能收到利息甚至本金的风险，因此债券投资者要求获得风险溢价，以换取承担信用风险。公司债券存在违约的可能性在于公司资产的波动性、现金流量的波动性、投资项目盈利水平的不确定性等公司内部财务状况不稳定，还基于宏观方面的某些因素，如货币政策、国民经济，甚至自然因素。

如何控制信贷风险？首先如评级机构，整合来自多个来源的信息，生成一份信用评级，反映借款人可能无法偿还债务的概率，评级高的公司通常享有较低的债券成本，也就是风险溢价。债券风险溢价，等于债券的预期回报率（或债券收益率）减去无风险利率，债券的风险溢价直接反映了一个公司的信用风险。再如债券担保，当企业自身资质或者信誉不良，导致违约风险较大时，企业可能采取债券担保的形式，为债券增信，当企业确实违约时，可由第三方担保人所质押或抵押的标的物来偿还债券持有人的本息，该种方法可从外部降低债券的信用风险溢价。

除了信用风险外，流动性风险也是债券风险研究中的重要内容，投资者应关心债券的流动性风险。以往的研究表明：债券的流通性和变现能力将会影响债券的风险溢价，如果债券的流动性较弱，不能很好地在二级市场流通中变现，债券投资者会感受到更多的负面效应。债券的变现能力由一系列重要因素组成，包括债券的发行规模、发行期限、信用评级等。

1.2.2 相关理论

（1）有效市场假说

自20世纪初投机理论被提出以来，人们就不断研究股票价格所包含的各种信息，通过对不同阶段的股票价格数据进行对比分析，为股票价格预测提供参考。后来经过逐步的完善，结合了多项技术手段后，Fama最终发展了一种新的理论学说，即有效市场假说。该假说认为，证券市场是高度有效的，同时，在股票市场上运作的投资人具有相当丰富的经验，可以灵活掌握股票的有关动态，熟悉股票操作流程，可以进行综合评判，有效降低资本运作的风险，并将风险控制在可以接受的范围内。

从假设的条件出发，市场的有效性应包含所有的信息内容，并可以实现与市场同步，不存在例外。按照这一假说，与证券相关的所有信息都通过证券价格得到充分披露，任何投资者都不能获得超额收益。判断市场是否有效，需要同时具备三个前提条件：第一，所有投资者都能够充分利用信息获得更大的回报；第二，财务信息能够及时反映证券市场的波动情况；第三，结合价格信息的不确定性，可以按照影响的强弱分析证券市场的变化，从而抓住其中的有效信息。市场分类包括强式、半强式和弱式，不同类型的市场表现也有差异。对以往信息进行反馈的是弱市股票市场特点，无法实现对当前的预测；对以往信息以及当前信息进行有效分析的是半强式股票市场的特征，投资者依据这两类信息只能获得经风险调整后的市场平均回报，不过，结合内部消息能够产生较多的收益增长。综合以上多项信息的内容，在强式市场中均能够得到体现。但是，这种市场的信息过度公开化，不能产生额外的信息价值回报，是一种理论上的构想，但对其研究依旧重要，可以指导市场相关主体改善市场环境，启示市场参与者进行科学决策。

罗家慧等（2016）以上海证券交易所A股市场的126只个股为研究对象，检验上海A股市场是否达到弱式有效市场或者半强式有效市场，结果发现我国上海 A 股市场只达到了弱式有效,并没有达到半强式有效。国内大多数研究者主要根据股票的收益率序列是否服从随机游走来判断市场是否弱式有效,屈博和庞金峰(2016)考虑摩擦条件下获取的回报来分析市场的类型,同样得到了我国股市已达到弱式有效的结论。

因为各种客观条件的制约,很多内部消息无法通过正常途径获取,导致股价受到的影响较大,股票市场整体表现为弱式有效,因此企业的财务报告信息等公开信息的披露质量尤为重要,企业必须重视公允价值及其分层计量信息的披露质量,以便投资者做出决策。

另外,我国资本市场具有较高的股价同步性,一个公司的股价波动往往影响其他公司的股价。产生这种现象的原因至少有两点:一是投资者缺乏理性,存在羊群效应;二是在信息的有效性上表现为不对等,内容的可利用性对投资人来讲不算高。所以,建立健全企业的信息披露制度是提高市场有效性的有效途径之一。在逐步开放的数据信息中,进一步降低对股价同步性的影响,我国资本市场也会逐步趋于完善。企业通过公允价值分层计量方式使得公开的公允价值信息包含更多、更准确的信息,有利于实现市场的有效性。另外,内部控制信息披露向投资者传递企业内部控制有效的信息,使得信息的价值相关性逐步增强,提高投资者的信心指数,减少不可预测的损失,维护资本市场的稳定,所以企业的权益资本成本随之降低。

(2)委托代理理论

公司以往的股权控制包含了投资者的所有权益,属于两权合一的状态,但是其无法适应快速发展的需求,尤其在科技不断更新的时代。如果公司的所有者对管理好公司是心有余而力不足,便会聘用具备专业管理能力的经理人协助管理公司,由此形成双方合作:一方是按照合同实现经营利润指标的经营者,另一方为所有资源的实际掌控者。在管理对象和实现目标上,两者之间存在差异,无法达成统一,就产生了利益冲突。为了减轻所有者独自负责经营的弊端,Rose(1973)创新性地提出委托代理,该理论激发了人们的研究热情,经过逐步完善和发展,形成新的理论——委托代理理论。结合实际应用,委托代理理论主要包含两个层次的关系：一方面是股东之间；另一方面是股东、管理层之间。管理层因为拥有多项权限，可以实现信息资源的掌控，在组织经营的同时，面对较大的个人利益诱惑，存在违背道德、逆向选择、牺牲股东利益的可能性。所以，后者最有可能产生问题，本书关注的重点也是这一类委托代理关系。

为了实现良好的运行，在实施中委托人可以采取一定的激励政策或者监督机制。其中，激励政策是根据企业的经营业绩进行考核的绩效考核制度，以此评价代理人的受托履行情况，并制订出合理、有效的激励计划。监督机制是指投资人通过企业内外部组织进行监督的一种制度。例如：积极建立内部控制体系；设立监督机构，由监事或者董事行使日常监督职能；利用公司外部的第三方机构审计和评估管理层的成果。

公允价值的应用给委托方和代理方之间的合作增添了新摩擦，公允价值相比于历史成本计价方法，给管理层创造了操纵良机，使得管理层能更加便捷地调节会计数据以满足自己的个人利益。这就需要建立相应的治理制度，关键是做好目标的协调性，达成统一以形成良好的合作机制，避免委托代理产生的弊端。细化的内部控制系统会进一步约束管理层，使其按照规范流程运作，提高管理的透明化，减少不良行为的发生，从而降低企业的权益资本成本。良好的内部控制机制的缺失，不仅给经营带来极大困难，还会使企业管理层做出逆向选择，做出违背道德的事情，激化委托代理问题，公司运营变得低效率，经营风险和财务风险随之加大，投资者、债权人对公司的评估较为负面，将会提高权益资本成本、债务融资成本。

在债券市场中，一种冲突发生在债权人与股东之间，公司股东渴望获得高额的投资收益，因而他们更愿意投资高风险高收益的项目，若项目盈利，股东可以获得高额的投资回报；若项目亏损，公司的投资无法收回，资金链断裂，债券投资者无法获得本息，进而遭受损失。因而债券投资者会要求更高的风险溢价，以弥补可能发生的损失。根据委托代理理论，债券发行人会主动披露更多的公司信息，并且提高会计信息质量，尽量使债券投资者获得更多的公司信息，从而降低融资成本。

（3）信号传递理论

信息不对称是信号传递理论的基础，对资本市场而言，能够妨碍其进行资源配给的主要因素就是道德风险及逆向选择，而这些因素的成因就是信息不对称。如果占据信息主导地位的主体通过一定的方式传递信号，由信息不对称导致的问题就会减少。信号传递理论是美国 Michael Spence（迈克尔·斯彭斯）提出来的，但第一次被运用到财务领域是 Rose 等人。1977 年，他们在研究中发现管理者相比于外部投资者更加了解企业自身的收益和风险，但是经营者可利用股利政策或者资本结构使投资人获得高品质的资讯。若公司在披露强制性要求的信息之外，自愿披露企业其他信息，如内部控制自我评价报告和社会责任信息披露等，此披露行为就发挥信号传递的作用。企业通过传递利好信息，向股权投资者、债权投资者等展示企业良好的财务状况、完善的管理机制和光明的发展前景，从而在他们面前树立良好的公司形象。良好的公司形象有助于公司获得社会大众的认可与支持，当公司筹融资时，容易吸纳到大量且优质的投资，有利于降低融资成本。所以，基于信号传递理论，经营状况良好的企业管理者比经营一般的企业管理者更倾向于将公司的详细情况向投资人展示。如果公司同意将经第三方鉴定过的且较高质量的内部控制报告对外公布，就可以一定程度打消股权和债权投资者对公司内部控制的顾虑，提高其对公司股票或债券的持有兴趣；如果公司简要披露或刻意隐瞒内部控制信息，则会让投资者怀疑公司的内部控制存在缺陷，不利于公司通过股票、债券等融资。当然，就公司的发展来讲，无论是自愿披露还是强制披露，都是有益于公司未来发展的。

运用不同的计量模式进行会计核算，对企业的当期利润会产生不同的影响。引入公允价值计量模式，允许公司在当期利润中划入未发生的损失及盈利，传递这样的信息，会影响投资者的决策。可以推测，高质量的内部控制可以制约管理层对公允价值的自由裁量权，督促管理层真实、公允地披露公允价值信息，向投资者传递无偏信息，投资者基于接收到的信息评估企业价值，做出正确决策。融资、股利、利润信息公告这三种形式是资本市场中的关键传播方式。国内外学者普遍认为股利信息公告比利润信息公告传递的信息更为准确，原因是存在可操控利润。但是国内的资本市场尚未健全，股利信息公告传递利好信号的作用有限，需要结合其他信息传递公司运营良好的信号,如内部控制信息,高质量内部控制的企业发布的信息容易得到投资者的信任,从而降低企业的权益资本成本。

在债券市场中,发债公司为了更顺利地融资,付出更低的融资成本,主动向市场披露公司积极向好的信息,传递给债券投资者有关企业良好的经营业绩和广阔的发展前景,这是信号传递理论的具体应用。当然,在市场中,存在信息质量较高、资质较好的公司,同样也存在信息质量较差、资质平平的公司。信号传递理论认为:当存在不同信息质量的公司时,高信息质量的公司应该将其稳健的会计信息、良好的业绩和积极的发展状况传递给投资者,以换取投资者的关注,而且这种信息披露方式并不需要花费额外的成本。信号传递理论的中心原则使得资质较好的公司更愿意披露公司信息,而资质不好的公司会被投资者认为是故意隐瞒公司信息,从而导致业绩较差。在债券市场上,公司更愿意披露高质量的信息,使得投资者获取该公司的发展潜力和较低违约风险的信号,以取得更低融资成本。信号传递理论为债券市场这种信息传递行为提供一种良好的解释。

(4) 信息不对称理论

信息不对称,是指一方比另一方拥有更多的信息。我国为维护市场秩序、提高资源配置效率和保护投资者利益强制要求上市公司必须发布相关的财务报告,可是经营者为了获取最高的利益,有很大可能在财务报告上弄虚作假,大多数外部信息使用者得不到这些内幕消息。另外,不同信息使用者对公司发布的信息解读不同。就公众而言,他们并不具备专业的知识和相关经验,投资时往往选择盲从,跟着周围人去投资,这就是羊群效应。在公允价值的应用上,公允价值的计量涉及一些估值参数和估值模型,在信息的产生过程中就存在被操纵的风险,投资者不能准确评估信息的真实性,难免面临一定程度的信息风险。

对事前及事后信息不对称的判定标准是问题发生的节点。其中,事前信息不对称极易带来逆向选择的难题。例如,由于事前信息不对称,消费者无法识别质量和价格是否匹配,就会选择价格适中的商品,供应高质量产品的企业因无法承受高成本不得不降低自己产品的质量或被迫退出市场,最后市场上只剩下质量较低的商品。又如,投资者在选择投资企业时,由于信息不对称,不能够准确评估被投资对象企业的未来价值和潜在风险，常以保守的态度提出相对平均的资本成本，导致实际财务状况良好、偿债能力较强的企业不堪重负，不得不放弃股权融资这一外部融资渠道，从而阻碍资本市场的高效运行，即良币为劣币所驱逐。事后信息不对称容易带来道德上的难题。具体来讲，就是为了维护自身利益，对道德规范熟视无睹，进而损害他人利益。例如，企业管理者为了维持自己较好的经营业绩，对外隐藏利空信息，只发布一些利好信息，虽说上市企业内部和外部的信息不对称问题能够被妥善处理，也就是完善信息披露的内部控制制度，但无法从根源上消除道德风险。企业是信息披露的发布方，在信息上处于主导地位，能够依据自身需要来对信息进行选择性的发布，诱导投资者的判断，加上管理层对财务信息的操控，无疑会加重信息的不对称。

根据有效市场理论，能够提升资本市场运营效率的途径之一是良好的信息披露，包括提高披露信息的量和质。一方面，披露的信息要丰富，增加披露信息的数量；另一方面，提升披露信息的质量，要求较高的透明度，这些都能够在一定程度上解决信息不对称的问题，由此为投资方提供可靠的依据，便于其做出最终的决定，也便于投资者监督企业的运营情况。另外，积极披露信息的行为有助于企业树立良好的企业形象，得到更多投资者的关注和好感。总而言之，企业在融资上的难题得以化解，主要得益于信息披露解决了信息不对称问题。

一般来说，债券市场中的信息不对称是由发债实体和投资者之间的信息差异造成的，发债公司作为管理公司的一方，知道的信息比投资者多，但并不向投资者披露现有的所有信息，因而出现了信息不对称的情形。

信息不对称可定义为两种类型：一种是管理层比投资者拥有更多的信息，这与公司的经营过程有直接关系，因而发债公司的管理层在掌握信息方面具有天然的优势；另一种是股东之间所知道的信息数量有差异。在信息不对称模型中，由于投资者之间的信息差异，知情交易者对公司信息了解得更多，能够比不知情交易者更准确地估计债券风险，从而导致价差额出现。买卖价差越高，信息不对称程度越高，投资者的理想市场是买卖价差低的市场，因为买卖价差低表明市场流动性高。投资者信息掌握得不充足，无法准确衡量高风险公司和低风险公司，所以不愿意高价购买债券，只愿意付出平均价格，而低风险公司的优质债券价格要高于平均价格，被低估的低风险公司并不愿意低价交易，因此只有债券低于平均价格的高风险公司愿意交易。这就形成了债券市场上的逆向选择问题。如何解决逆向选择的问题？从理论上看：第一，可以通过有效沟通和强化监督，但是强化监督成本太高，而如何加强有效沟通实践中也很难做到，因此这两种方式都不合适；第二，通过契约安排来调整，出于成本效益的考虑，最好的契约安排是债券发行人和债券投资者双方达成妥协，通过契约弱化发行人的控制权，增强投资者的信心。通过信息不对称理论，希望引入公允价值计量项目的信息来解决债券市场信息不对称问题。

（5）决策有用观

财务会计目标是会计系统要到达的终点，之所以在计量属性的选择上会产生差异，主要是因为一个会计目标会对应一个标准。会计计量属性是财务会计的重要组成部分，只有明确了财务会计的目标，才可以在计量属性上做出科学的抉择。有两个观点是会计目标涵盖的：一个是受托责任观，另一个是决策有用观。它们的观点是截然不同的。起初，公众的态度体现为受托责任观，即把公司有关的运营及财务情况传递给"利益共同体"就是会计目标。但是受到证券市场蓬勃发展的影响，决策有用观应运而生。决策有用观的主要观点是为投资者做出理性的经济决策提供相关的信息，要求提供的信息不仅具有高度相关性，而且兼具预测功能和反馈功能，以降低决策者的决策风险。

在会计目标中上述两种观念的过渡已经完成，但是出于提升财务信息决策有用性这一目的，业界逐渐出现了计量观和信息观之间的博弈。信息观的观点是，唯有加大财务报告中的信息量，对企业进行全面披露，问题才能得到解决。计量观认为，单纯地扩充财务报告信息的数量是不足以保证投资者合理预测公司价值的，还需要结合计量属性的应用，披露最能够反映公司价值的财务数据，进而实现决策有用性之目标。历史成本不应当被代替，而应当在强化会计信息有效性的目标下加大披露力度，如采取财务报表附注信息披露的方式，这是信息观的观点。与其相反，保证真实的财务信息是计量观的观点，突出强调了公允价值，为了提升决策有用性，公司不仅有责任，且有必要将公允价值信息体现于财务报告之中。

另外，信息观认为，如果股票价格对一类信息披露有所反应，则此类信息对经济决策有用；而计量观除了研究一类信息披露对经济决策的有用性外，还研究它的有用程度，这类信息披露与股票价格相关程度越高，意味着它越具有决策有用性。

公允价值计量属性考虑了时间价值，同时考虑了未来现金流量及市场风险，有益于投资人评估企业价值。计量观和信息观的思路似是而非：前者始于会计信息，之后是估值模型，然后是内在价值，最后是股票价格；后者也始于会计信息，然后直接到股票价格。二者的"起点"及"终点"没有较大的差别，只是过程中有差异。在市场完全有效的情况下，它们并没有实质上的差异；否则，前者带来的信息比后者多，进而对决策有用性的发挥产生更大的推动力。公允价值的应用将财务数据与公司的价值紧密联系起来，使投资者能够对市场上的变化或预期变化做出及时反应，公允价值分层计量更是进一步提高了相关信息的可比性，为投资者提供更及时、更相关的信息。

1.3 文献综述

1.3.1 公允价值分层计量不同项目的估值、结构

（1）公允价值分层计量不同项目的估值方法

张国华和曲晓辉（2018）认为公允价值及公允价值估值技术的使用与市场、市场化程度密切相关，市场越活跃、市场化程度越高，越有利于公允价值的应用，采用市场法估值的可能性就越大；反之，则不利于公允价值的应用，成本法和收益法使用的可能性就越大。杨克智等（2019）认为公允价值信息披露的核心内容包括计量过程中采用的估值技术和输入值，目的是让报表使用者可以根据披露信息对公允价值质量做出理性的判断和分析；由于三个层次公允价值输入值所反映的信息不对称程度不同，因此应当采取不同的披露要求，即三个层次公允价值披露的信息要逐层递增。McCoy（2019）发现特定情况下，市场价格和公允价值定价并不能直接互换，比如债券市场的非流动性而具有不同的统计属性；McCoy

在公司市场,展示了如何从可能的市场价格中推断出公允价值定价;在抵押贷款市场,展示了流动性最强的抵押贷款如何影响基准中持有的一般抵押贷款。Delong 和 Barigou(2019)研究了公平价值评估的两个实际应用:在第一个例子中,考虑的是对一个最终收益的公平估值,该收益取决于相关的可交易和不可交易的金融风险;在第二个例子中,考虑了一个以不可交易的保险和可交易的金融风险为条件的单位联结合同的组合;负债的公允价值被分解为负债的最佳估计和风险保证金。

柴明洋和李姝(2020)以商誉公允价值输入参数不可观测作为统一的出发点,搭建了一个可靠性目标导向的理论框架,并提出商誉公允价值计量改进路径:其一,利用输入参数可比性减少信息不对称问题,并使计量结果趋向间接可验证和无重大差错;其二,采用满足激励相容约束的以摊销法为主导、减值测试法为辅助的计量规则,实现资产及盈余的稳健性与中立无偏性的协调。万明滨和翁穆丹(2021)基于 10 家轨交公司的投资性房地产的后续计量模式的应用情况,并结合轨交行业特质等展开分析,建议投资性房地产公允价值波动风险在可接受范围内的城市轨道交通企业可选择公允价值模式;反之,则不建议采用公允价值模式。梁娟(2022)从私募股权投资基金投资的股权类金融资产公允价值的估值出发,通过对不同资产评估方法在股权类金融资产公允价值估值中的应用分析,提出了用资产评估方法建立股权类金融资产公允价值估值模型的基本思路。

(2)公允价值分层计量不同项目的价格与结构

Bhamornsiri 等(2010)发现报告实体对资产的使用多为第二层次输入值(70%),而第一层次和第三层次输入值分别占公允价值估值的 23.5% 和 6.5%;以同样的方式,以公允价值报告的负债中有 82.7% 是基于第二层次输入值的。Du 等(2014)在 2008—2009 年美国商业银行样本中发现,第一层次和第三层次公允价值资产(负债)相对于总资产(总负债)分别为 1%(0)和 0.5%(0.1%),而第二层次所占比例为 14.3%(0.05%)。Freeman 等(2017)分析 2008—2014 年美国银行样本,发现以公允价值计量的资产均值为每股 34.37 美元,相当于公司平均总资产的 20.1%;以第二层次输入值估计的资产占多数,平均每股价值 32.21 美元，相当于平均总公允价值资产的 93.7%；第三层次和第一层次的资产数量几乎不引人注目。Goh 等（2015）分析了 2008—2011 年的美国银行样本，发现第一层次和第三层次公允价值资产相对于总资产的比重分别为 2.41% 和 3.97%，而第二层次所占比例为 15.93%。Siekkinen（2017）调查了 2012—2013 年 29 家欧洲金融公司的样本，发现三个层次的公允价值每股资产的均值分别为 48.93 欧元、35.20 欧元和 9.98 欧元；第一、第二层次公允价值负债之和与第三层次公允价值负债的平均值分别为 32.66 欧元和 5.38 欧元。Hanley 等（2018）认为地方政府债券、资产支持证券、CMBS（Commercial Mortgage Backed Securities，商业房地产抵押贷款支持证券）和 RMBS（Residential Mortgage-Backed Security，住宅抵押贷款支持证券）很少交易，交易价格也很难获得；预计美国国债和 GSE（Government Sponsored Enterprises，半官方机构证券）最有可能被报告为第一层次；地方政府债券、ABS（Asset-Backed Security，资产支持证券）、CMBS 和 RMBS 更有可能被报告为第二、第三层次。在 Hanley 等（2018）的研究中，金融资产的公允价值计量层次分布情况如表 1-2 所示。吴鹏琳和于谦龙（2020）通过案例研究的方式，分析了公允价值计量的特定项目的估价，与同一项目不同层次的转换方式，并给出改进建议。Wayne 和 Valencia（2022）分析了南非的约翰内斯堡证券交易所（JSE）的 2013—2017 年 40 强公司的公允价值使用情况，发现平均每年只有 184 项资产和负债使用公允价值，并且基本上保持稳定；大多数公允价值使用来自金融服务行业（41%）和金融工具（80%）；总体上只有 15% 被归类为第一层次项目，当公允价值用于非金融资产时，主要用于投资性房地产、商品存货和减值测试。

表 1-2　按金融资产类别划分的公允价值层次分布（个数与比例）

公允价值层次	美国政府公债	GSE	企业证券	Muni（地方政府债券）	RMBS	CMBS	ABS
1	880（66%）	215（2%）	411（1%）	345（3%）	18（1%）	12（0）	42（1%）
2	452（34%）	12,002（98%）	38,173（98%）	10,812（97%）	2,467（99%）	4,614（98%）	6,595（94%）

续表

公允价值层次	美国政府公债	GSE	企业证券	Muni（地方政府债券）	RMBS	CMBS	ABS
3	2 (0)	3 (0)	417 (1%)	31 (0)	18 (1%)	65 (1%)	378 (5%)
合计	1,334	12,220	39,001	11,188	2,503	4,691	7,015

注：括号内数字为比例，百分数四舍五入，取整数。

（3）文献评述

综上所述，公允价值计量的项目主要是金融资产、负债，非金融的项目主要有投资性房地产、生物资产等，估值所采用的方法主要有市场法、成本法、收益法。限于数据获取难度等原因，国内学者鲜少对特定项目的估值及其属于公允价值计量的第几层次展开研究。各国企业的公允价值计量项目层次信息的确定依据很多时候是缺失的。公允价值计量的资产项目多于负债项目，且主要集中于第二层次项目，第三层次资产和负债公允价值估计仅占总公允价值估计的一小部分。根据学者 Hanley 等（2018）的研究，国债约 2/3 属于第一层次项目，1/3 属于第二层次项目。国内外学者关于公允价值计量项目各层次之间转换的研究很少。

1.3.2 公允价值分层计量会计信息的优点、风险与治理

（1）公允价值分层计量会计信息的优点

Barth（2006）指出公允价值在财务报告中的应用不断增加的根本原因是，它更准确地反映了有关资产和负债的当前价值和预期未来的最新价值。Landsman（2007）想要考察公允价值信息对于投资者的有用性，发现公允价值的信息披露对投资者有信息价值，但是这种有用程度受到管理层估值的影响，当评估公允价值的输入值源自外部评估师时，公允价值信息有用性更加明显。2008 年的国际金融危机引发了关于公允价值利弊的激烈争论，Laux 和 Leuz（2009）的研究肯定了公允价值的重要性，公允价值引发的问题可能不在于计量属性本身，而是实

施过程中存在的潜在问题。郑春美等（2010）认为公允价值层次依据的是计量过程中涉及的市场信息的层次划分，这为报告中公允价值的可靠性提供了保障，也使公司有关公允价值的报告内容发生变化。董必荣（2010）指出对公允价值本质的正确定位是基于价值会计体系的理解，公允价值能够如实、不偏不倚地反映公司的现有财产和盈利能力，为所有相关方提供独立、客观的决策依据。朱丹等（2010）对金融工具的计量、估值和价值变动进行详细分析，得出公允价值总体上具有决策有用性的结论。程昔武和后青松（2011）认为公允价值层次理论缓解了人们对公允价值的可靠性存疑的情况，助推了公允价值在财务领域的应用。

Altamuro 和 Zhang（2013）比较了抵押贷款服务的第二层次公允价值和第三层次公允价值与现金流的关系，发现第三层次公允价值降低现金流的程度高于第二层次公允价值。原因是虽然不可观察输入值受到管理层自由裁量权的影响，但是管理层拥有信息优势，在资产处在非活跃市场条件下时，他们能够得出比市场输入值更高质量的公允价值估值。王雪媛等（2015）认为划分市场活跃程度为采取合适的方法计量公允价值提供了保证，公允价值分层计量使资产（负债）的账面价值估算程序更为合理，为估值可靠性提供更大的保障。Barron（2016）发现第三层次公允价值信息披露能为分析师提供有用的信息。Ayres 等（2017）发现分析师预测准确度与公允价值披露的第一层次、第二层次项目的比重正相关。Hadiyanto 等（2018）在 2011 年到 2014 年的年度报告中，发现采用历史成本计量的公司与采用公允价值计量的公司相比，产生的可靠信息和相关信息较少，进而说明公允价值计量的使用提高了财务信息的质量。Chipalkatti 等（2020）发现在 2009 年国际金融危机期间，贷款公允价值的披露有助于改善围绕银行贷款组合风险的信息不对称，投资者能够区分具有较低水平贷款组合风险的银行和那些具有较高水平贷款组合风险的银行。

（2）公允价值分层计量会计信息的风险

一些学者认为公允价值计量的第二层次、第三层次项目的可验证性差，它是依赖于管理假定的（Kolev，2008；Kothari 等，2010）。Riedl（2011）发现公司拥有更多的以较低层次公允价值计量的金融资产会存在更高的风险。Hilton 和

O'Brien（2009）追踪分析了 Inco 公司 1997—2000 年财务报表中的一项资产（镍矿）的价值变化，案例表明管理层在持有镍矿前期持续高估镍矿市场价值，导致账面价值和市场价值存在巨大的未记录差异，揭示了管理层利用公允价值行使自由裁量权的内幕，降低了公允价值信息的可靠性。郑春美等（2010）认为：以公允价值计量的资产或负债进行层次转换时，较大的随意性将严重影响公司的当期价值；不完全披露也给审计师的工作和投资者的决策带来困难。王曙亮等（2011）认为：公允价值应用风险可分为不应用风险和无效性风险，其中控制无效性风险是控制公允价值应用风险的关键；并指出导致无效性风险的关键环节是企业管理层对公允价值信息的计量和披露，该环节存在管理层故意风险和非故意风险。Barth、Gómez-Biscarri 等（2012）发现上市银行和非上市银行均存在盈余管理行为，公允价值加剧了会计盈余的不稳定性。Cantrell 等（2014）比较了金融危机期间 GAAP 下的以历史成本计量的贷款净值预测信用损失的能力和以公允价值计量的贷款金额预测信用损失的能力，发现历史成本在预测未来长短期的坏账、不良贷款和银行倒闭方面更有用，当然，这一结论不排除是样本的特殊性造成的。关于第三层次公允价值评估的额外信息有助于减少这类评估的不确定性和风险，管理者还使用第二层次评估向市场参与者传达有用的信息（Magnan 等，2015）。Ayres（2016）发现持有较高的第三层次资产对公司信用评级产生了负面影响。Majors（2016）发现要求披露信息会让管理者不敢大胆报告不确定的估值。尹世芬和王润（2015）认为我国上市银行金融工具的公允价值层次披露不全，部分未披露估值技术、相关参数，以公允价值计量的非金融资产公允价值层次更是极少披露。

Goh 等（2021）发现会计专业人士对 IFRS 13 表现出了显著的高度怀疑，认为第三层次的估值可能降低人们对财务报表的信任程度。Chung 等（2017）发现：管理者的公允价值估计越不透明，其披露的自愿性越强，如公允价值估计的独立定价和根据公允价值层次进行合理分类等；公司管理者经常在公允价值评估中投机取巧地利用他们的判断力，尤其是在对第三层次公允价值的评估中，管理者会尽量减少第三层次报告的资产数量。孙丽霞（2017）发现按第一、第二、第三层次计量的公允价值资产对银行系统性风险的正向作用明显。毛志宏等（2017）研究发现在三个层次的公允价值计量信息中，较高质量的第一、第二层次公允价值计量信息能够在吸引分析师关注的同时降低盈余预测的偏差和分歧；第三层次公允价值计量信息却无此效果。任月君等（2017）分析了不同层次以公允价值计量的资产或负债的信息风险之间存在的差距，同时分析了信息环境对上述差距的影响。黄雅玲（2017）发现2014年财政部发布CAS 39后，报告实体对于公允价值层次的披露有一定程度的进步，但由于我国市场经济仍有缺陷，可供企业参照的可操作性指导不够具体，公司在披露方面仍有很大的完善空间。严晓玲（2017）认为对于公允价值分层的迫切性以及相关论证的研究是至关重要的，应当通过国内外对层次影响因子的研究现状，进一步洞察企业应当如何更好地应用公允价值层次这一概念。姜晓军（2018）表示上市公司倾向于隐瞒第二、第三层次公允价值估值信息，公允价值分层计量的应用和披露缺乏规范性。Mohrmann等（2019）认为第三层次的项目占比越高，银行的违约风险越高。

Fortin等（2020）发现第三层次公允价值具有最高的管理层自由裁量权，然而这只在股票专用基金中可见，表明估值不确定性会对市场价值产生影响。Oyewo等（2020）发现：由于审计师无法有效地检验公允价值估计，管理者有操纵盈余的倾向；财务报告编制者进行估算时使用的假设和判断难以检验，在不同行业部门验证公允价值计量和会计估计所面临的审计挑战的程度存在显著差异。王晨嫣等（2020）发现公允价值第一、第二、第三层次均会提高公司的代理成本。Black等（2022）发现管理者通过第二层次估计传达有用的信息，而第三层次计量受到错误和管理机会主义的影响。横向分析表明，当经理人有更强的动机引入自由裁量权时，公允价值估计的可比性较低，而当投资者监督较强时，可比性较高。

（3）公允价值分层计量会计信息的治理机制

①会计准则、证监会等外部环境对公允价值分层计量会计信息的影响

几项关于房地产公司的研究表明，IFRS 13实施后，与《国际会计准则40号——投资性房地产》（IAS 40）相比，与公允价值相关的披露量略有增加（Mäki，2016；Bava等，2018）。Mäki（2016）发现实施IFRS 13后，房地产公司在质量

和数量上都提供了更多关于第三层次公允价值计量的信息。为了应对证监会和投资者等施与的压力，FASB 发布了 ASU2010-06，ASU2010-06 要求企业按照公允价值层次提供公允价值信息，以期改善公允价值计量披露。Bens 等（2016）发现公司收到证监会的公允价值相关监管函后，第二、第三层次公允价值计量的资产信息质量得到有效改善。曾雪云（2016）认为良好的内外部信息环境能够降低企业以公允价值计量资产的信息风险。美国财务会计准则委员会（FASB）于 2018 年 8 月推出了 Fair Value Measurement（ASC 820），是为了进一步提高公允价值计量的可比性与一致性，基于价值尺度、脱手价格、估值前提、最高和最佳使用、主要市场、公允价值分层等关键概念，提出了关于公允价值计量的信息披露改进的框架。

②外部审计对公允价值分层计量会计信息的影响

蔡利等（2015）深入探讨了外部审计功能的发挥对银行业系统性风险监控的作用，得出了公允价值审计有助于银行业系统性风险监控的结论。高璐（2016）发现外部审计有助于抑制三个层次公允价值计量项目对银行系统性风险溢出效应的不利影响。杨书怀（2018）发现：第二、第三层次公允价值计量金额与审计质量显著负相关；环境不确定性对第一层次公允价值计量的审计质量没有影响，但削弱了第二、第三层次公允价值计量的审计质量；审计师的审计决策与所处的决策环境越匹配，公允价值分层计量的审计质量越高。胡国强等（2020）发现：公允价值计量对审计收费的正向影响仅在第二层次，第三层次反而降低了审计收费，第一层次与公允价值计量总体均没有显著影响；更为充分的信息披露是第三层次公允价值计量审计收费降低的重要原因；良好地区法制环境会加大审计师诉讼风险，提高第二、第三层次公允价值计量审计收费；而高质量内部控制有助于降低第二、第三层次公允价值计量审计收费，产生替代监督作用。闫华红和王淑祎（2021）认为确定公允价值计量的估值技术和输入层次涉及管理层的职业判断，会降低信息的可靠性，但随着计算机技术逐渐成熟及审计对公允价值的关注，资产或负债的公允价值信息可靠性会有所上升。

③公司治理机制对公允价值分层计量会计信息的影响

Song 等（2010）发现有效公司治理机制能够缓解较低层次输入值所带来的

信息不对称问题。毛志宏等（2014b）发现高质量的公司治理机制降低了按公允价值计量的资产信息风险。冉丹（2016）认为较高的公司治理水平能够有效提高公允价值相关的信息披露质量。谢明柱等（2016）认为资产或负债的信息风险与公允价值计量层次的高低成正比，拥有完善治理机制的企业能很好地降低信息风险。孙丽霞（2017）发现完善的公司治理有助于抑制三个层次公允价值计量项目对银行系统性风险的不利影响。李端生等（2017）发现有效的内部公司治理能够增强公允价值第一层次计量信息与分析师盈余预测的相关性，而作为外部公司治理重要因素之一的市场化程度越高，二者之间的相关性则越低。Hsu（2017）发现公司有更多第三层次的公允价值计量项目将会有更高的信用风险，但是当公司有更高的公司治理水平时，这种关系会被减弱。吕建明（2019）认为应该从规范公允价值计量操作方式、为公允价值提供良好环境、完善市场经济体制创建、提升会计师专业素质等方面着手，实现企业的健康发展。Zhang等（2019）发现：社会责任披露得分较高和公司治理较强的银行，较少使用第三层次公允价值估值，因为采用较高的第三层次公允价值衡量标准的银行，其财务业绩往往较低；拥有较强公司治理的银行会将自愿披露作为一种手段，向投资者传达公司的良好做法，但银行也可能通过公允价值来掩盖自己糟糕的业绩。

（4）文献评述

①公允价值分层计量会计信息的优点方面的文献评述

企业实施公允价值分层计量后，在特定项目上比历史成本计量提供了更及时与充分的信息，提高了公允价值信息的可靠性，有利于外部报表使用者做出决策。

②公允价值分层计量会计信息的风险方面的文献评述

国内外企业公允价值分层计量中存在的层次划分与披露都存在随意性的问题。我国的CAS 39对层次划分的指导性不够，需要进一步细化公允价值分层计量指南。公允价值计量的第二、第三层次项目由于其可验证性差及管理者自由裁量等，给信息使用者带来预测偏误与决策风险，即公允价值低层次信息存在信息有偏风险。

③公允价值分层计量会计信息的治理机制方面的文献评述

公允价值信息的可靠性需要制度和技术的双重保障。公允价值分层信息的披露受会计准则、监管、公司的高管与管理制度等影响。公允价值信息的披露受公司管理者的影响，管理者会根据个人、企业利益对公允价值计量的分层信息进行选择性披露。高质量的内外部监管机制会减弱第二、第三层次项目所带来的信息有偏风险。学者对中国公允价值计量与公司内外部监管机制相关主题的研究多属于定性研究，缺乏从多行业、多时期、多监管要素对公允价值信息影响的实证研究。

1.3.3 公允价值分层计量信息的价值相关性

（1）公允价值计量的资产项目的价值相关性

价值相关性是指股票价格或其变化与特定会计信息之间的联系。Barth等（1996）发现采用公允价值计量的证券，价值相关性具有显著增加的效果，以历史成本计量的没有这种效果。Khurana和Kim（2003）证明了在成熟的市场上，信息环境较差的小规模银行其公允价值比历史成本更能解释股票价格，并发现当资本市场中存在客观的公允价值计量方法时，公允价值的价值相关性更强。邓传洲（2005）关注我国B股公司公布的公允价值信息的相关性，发现其变动损益的数据具有使用价值，但是公允价值调整数不具备价值相关性。Hung等（2007）研究德国企业，发现引入公允价值计量模式后，样本公司的股东权益的账面价值与公司价值具有显著的相关性。Daske等（2008）发现股票的流动性在实施国际会计准则后上升了，而且公允价值计量显著增加公司的价值。刘永泽和孙翯（2011）同时用收益模型和价格模型检验了我国会计准则与国际会计准则趋同后的公允价值的价值相关性，发现无论是金融企业还是非金融企业，它们都表现出了很高的信息价值。Muller等（2011）、Vergauwe和Gaeremynck（2019）对房地产企业的研究表明，以公允价值计量的资产的确认和披露减少了信息不对称。张先治等（2012）发现我国上市公司会计信息的价值相关性尚不符合引入公允价值计量属性的初衷，而可靠性出现了一定程度的降低。黄霖华等（2014）发现长期股权投资重分类为可供出售金融资产的公允价值确认具有显著的价值相关性，而且对股票价格的解释力度强于影响净资产变动的其他项目。毛志宏等（2014a）指出，通过运用公允价值计量模式，更多的公司信息在股价中得以体现，从而增强了股价的同步性。Drago 等（2013）发现公允价值比账面价值对银行股票价格更加有正向影响的解释力。Palea（2014）认为公允价值报告的目的是确保财务报表具有更高的透明度，而这使得会计数据具有更高的价值相关性，在金融市场中能够更好地反映企业的实际价值。Lu 和 Mande（2014）检验了该政策的实施效果，他们以 2009 年和 2010 年第一季度的季报为样本，发现 2010 年季报的公允价值信息与股价的相关性显著提高了。Adwan 等（2020）发现金融危机对财务报表更依赖于公允价值计量的公司影响并不显著，这一证据可以解释为，危机前对公允价值敞口较大的公司，投资者对其权益账面价值和净收入估值的权重增加。

（2）公允价值计量的不同层次信息与负债项目的价值相关性

Kolev（2008）以美国金融企业前三个季度的公允价值季度统计数据为基础样本，发现企业的股价和每个层次的公允价值信息均是显著正相关，只是对于第一层次公允价值计量的净资产，它的系数更大，说明其相关性最高。Song 等（2010）以 2008 年银行的公允价值季度统计数据为样本，研究它们每个层次的价值相关性，证据分析表明：较高两层的公允价值信息的价值相关性远远大于最低层的公允价值信息的价值相关性，如果银行的治理能力强，它们的价值相关性就更明显了，其中最低层的价值相关性提高得最明显。邵莉和吴俊英（2012）发现除了第三层次没有明显地表现出价值相关性外，其他两层的公允价值信息均表现出了经济价值，但是第二层次公允价值对股价的解释力不如第一层次公允价值高。庄学敏等（2014）的研究发现可靠性程度越高的公允价值资产具有显著的相关性，但是对于公允价值负债并没有得出相同的结论。张金若等（2015）研究了金融业的上市公司，发现以公允价值计量的每股净资产与股价和股票报酬率都具有相关性。黄霖华等（2015）发现可供出售金融资产公允价值变动信息对股票收益率具有显著的价值相关性，而且投资者情绪对可供出售金融资产公允价值变动信息的价值相关性存在显著的正向影响作用。邓永勤和康丽丽（2015）在报告中不仅考察了金融上市公司公允价值资产的相关性，还考察了其公允价值负债的相关性，报告显示按照公允价值的层次，它们的价值相关性呈现阶梯式地下降，但是公允价值负债不具备这一特征。Goh 等（2015）研究了 2008 年国际金融危机发生后三年的银行公允价值资产，发现银行对第三层次公允价值资产的持有量在逐渐增多，可见人们对低层次公允价值可靠性的担忧消失了一些；同时发现在资本充足率较高的银行中，第一、第二层次公允价值资产对股价的解释力增强了，并且随着时间的推移，各个层次之间价值相关性的差异在逐渐缩小。尹宗成等（2016）发现披露不同层次的公允价值信息对公司价值的影响有所不同，以第一层次计量的资产相关性最高，第二、第三层次相关性较弱。郝玉贵等（2018）发现公司采取大数据战略可以显著增强其公允价值计量的第一、第二层次项目的价值相关性，但对第三层次项目无显著影响。王雷等（2018）认为相比于第三层次，投资者更愿意相信第一、第二层次公允价值带来的信息，进一步地，以公允价值计量的资产的价值相关性高于负债。

（3）文献评述

随着 SFAS 157 和 IFRS 13 的相继发布，国外学者开始高度关注公允价值计量层次信息的相关性研究。在之前学者的研究中，可以发现公允价值报告的目的是确保财务报表具有更高的透明度，这使得会计数据具有更高的价值相关性，在金融市场中能够更好地反映企业的实际价值。第一、第二层次公允价值资产对股价的解释力增强了，第三层次没有明显地表现出价值相关性，但是第二层次公允价值对股价的解释力不如第一层次公允价值高。以公允价值计量的资产的价值相关性高于负债，且负债项目的价值相关性没有体现出随着公允价值计量层次的变化而出现规律的变化。

1.3.4 公允价值分层计量对条件稳健性的影响

(1) 条件稳健性的文献综述

有相当多的经验证据表明会计是稳健的，损失比收益的确认更及时（Ball 等，2006，2013a，2013b；Watts，2003）。Barker（2015）发现国际财务报告准则在实践中的要求会导致会计稳健性的出现，稳健性会计是一种治理机制。会计稳健性分为非条件稳健性和条件稳健性。Beaver 和 Ryan（2005）认为非条件稳健性又被称为资产负债表稳健性或事前稳健性。Basu（1997）认为条件稳健性又被称为盈余稳健性或事后稳健性，是指对"好消息"的确认比对"坏消息"的确认要求有更加严格的证据。Lafond 等（2008）发现条件稳健性与信息不对称是有着极大的关联的，同时信息不对称也会反过来导致条件稳健性。虽然公司都会定期公告年报，但当激励的机制足够强大且持续的时候，对于条件稳健性来说实际上会包含一个"可信的承诺"（Zhang，2008）。Nichols 等（2009）认为，面对更高的条件稳健性需求时，银行会面临着更高的代理权成本，并发现上市银行比非上市银行要求更高的条件稳健性，尽管有更强的激励来管理收益，但对于条件稳健性的需求仍然存在。Roychowdhury（2010）强调了内外部治理机制，这些机制将会激励公司增加报告条件稳健性的强度与持续性，以获得收益。Ruch 等（2015）认为条件稳健性是相对于积极的经济消息来说，会计上会对消极的经济消息进行更为及时的确认，在某种程度上来说，条件稳健性是对积极及消极经济消息的不对称识别，比如对收益及损失的不对称处理。Biddle 等（2016）发现条件稳健性与银行的破产风险有着负相关的关系，可以帮助银行度过经济危机时刻，减少借款公司与债权人公司之间的信息不对称问题，可以降低破产风险。Kim（2016）发现条件稳健性与公司未来股票价格崩溃的较低的可能性有关，这个发现适用于条件稳健性和崩溃风险的多种衡量标准，并且发现稳健性和崩溃风险之间的关系在具有较高的信息不对称性的公司中体现得更为明显。Khalifa 等（2018）发现：条件稳健性会随着公司债务水平的提高而增强；当面临更高的审计诉讼风险时，仅低技术的公司表现出更多的条件稳健性。

(2) 公允价值与条件稳健性关系的文献综述

郭照蕊（2013）认为公允价值会计在中国的应用是符合会计稳健性原则的。曹越等（2017）认为公允价值与非条件稳健性相背离，但与条件稳健性相契合。Badia 等（2017）发现在美国证券市场上，公司持有的以公允价值第二、第三层次计量的金融工具越多，在其综合收益中就报告了更多的条件稳健性。Black 等（2018）发现在美国证券市场的金融行业中，损益中的条件稳健性与公允价值计量的第二、第三层次资产的比例正相关，与第一层次资产的比例无关。Barhamzaid（2019）检验了中国与《国际财务报告准则》（IFRS）趋同后会计中的非条件稳健性（UNCC）的水平，使用 Basu（1997）模型的截距，在中国版 IFRS 下发现 UNCC 总体减少。

(3) 文献评述

综上，会计稳健性从源头来说在我国更多的是能够体现出我国的会计信息几大质量中所提到需要遵守的谨慎性原则（朱茶芬等，2008）。条件稳健性会引起契约反应和利益相关者的行为改变，使会计信息变得更加有用。当面对不确定性时，投资者会期望条件稳健性的会计处理。目前国内关于公允价值分层计量与条件稳健性关系的直接、较为系统的研究是比较缺乏的，大多数集中在公允价值分层计量与层次的价值相关性或者条件稳健性与盈余管理之间关系的研究上，或者将条件稳健性作为一个调节机制去研究其对某两项之间关系的促进或者缓解作用。鲜有学者对新兴市场，特别是中国市场上市公司的公允价值分层计量中的条件稳健性的"存在性"进行研究，更没有学者分析这种"存在性"在不同控制环境下的异质性。

1.3.5 公允价值分层计量对权益资本（股权融资）成本的影响

国外仅有少量关于公允价值分层计量对权益资本（股权融资）成本影响的研究，国内这方面的研究是鲜有的。Leuz 等（2009）通过事件研究法，研究安然事件的发生会给其他公司带来的影响，发现其他公司会通过增加公允价值的披露以降低信用风险，防止资本成本的上升。Kothari 等（2009）发现披露积极的公允价值信息能够降低公司的资本成本，而消极的公允价值信息的披露会带来信息风险，导致公司资本成本显著上升。Riedl 和 Serafeim（2011）主要聚焦金融行业，研究公允价值分层计量对公司资本成本的影响，结果发现随着公允价值层次的降低，公允价值携带的信息风险在增加，β 系数（Beta coefficient）也在逐渐变大。

由于公允价值分层计量对权益资本（股权融资）成本影响的文献很少，所以本部分主要从企业的外部、内部相关因素对企业权益资本成本的影响展开文献综述，为后续研究提供参考。

（1）中介机构与法制、政治关联等外部环境因素对企业权益资本成本的影响

①分析师与外部审计等中介机构对企业权益资本成本的影响

Rakow（2010）发现不明确的盈余预测和悲观的盈余预测与公司权益资本成本正相关，并明确指出这种影响关系还取决于贝塔值、公司资产规模、账面权益与市值的比，先前预测偏差，分析师关注度和盈余质量。Fernando 等（2010）研究了审计质量的某些属性，即审计师规模、审计师行业专长和审计师任期对客户公司权益资本成本的影响，发现这些审计质量属性与权益资本成本负相关，但这种效应仅限于小规模的客户公司，由此给予小客户公司一种启示：应该明智地选择审计师来改善信息环境，从而降低权益资本成本。张正勇和邓博夫（2017）发现经过独立专业机构鉴证过的报告极大地降低了权益资本成本，可见，投资者认为专业机构的鉴证意见保证了报告中信息的质量。

②法制、政治关联等外部环境因素对企业权益资本成本的影响

Hail 和 Leuz（2006）发现那些来自法律制度对企业信息披露要求较高、证券机构监管较为严格、执行机制较为完善的国家的上市公司，其权益资本成本较低。Bhattacharya（2006）认为证券法强制公司进行信息披露有助于缓解投资者不能公平地取得回报的担忧。徐浩萍和吕长江（2007）一致认为政府减少对国企的保护和干涉会带来"保护效应"和"可预期效应"。一方面，国企的"保护效应"

大于"可预期效应",增加了国企的权益资本成本;另一方面,民企的"保护效应"小于"可预期效应",降低了民企的权益资本成本。姜付秀等(2008)通过构建模型将投资者保护量化,研究其与权益资本成本的关系,发现两者之间存在负相关关系。肖珉和沈艺峰(2008)以在香港上市后又在内地发行A股的公司为样本,从投资者视角研究保护制度对权益资本成本的直接影响,研究结果表明更为严格的投资者保护能够卓有成效地降低企业的股权融资成本。Chen等(2009)从公司自身和国家两个视角出发,分别深入研究了公司治理以及有关投资者的法律保护制度对上市公司权益资本成本的影响,研究发现新兴市场上公司的治理对股权资本成本有抑制作用,并且在法律保护较弱的国家,公司治理对融资决策发挥的作用更为明显。苏忠秦等(2012)揭示了政治关联在企业融资过程中的作用,投资者倾向于相信政治关联性强的企业,认为政治关联性强能够缓解公司面对的风险,从而索要了较低的回报。Boubakri等(2012)发现政治关联度高的企业能轻而易举地以极低的成本进行大规模的股权融资,并且两者关系同时受到国家制度、政治环境和企业特征的影响。

(2) 信息披露对权益资本成本的影响

信息披露通常通过以下两种机制影响权益资本成本:第一,股票的流动性得以改善,股票的交易负担得以减轻,从而大大降低权益资本成本(Diamond和Verrecchia,1991);第二,充分而准确的信息披露降低了投资者面临的信息风险,从而抑制了企业权益资本成本的上升(Easley和O'Hara,2004)。提高企业公开信息的披露水平对缓解股权融资难的情况极为重要,并且不同类型和不同形式的信息披露对股权融资的贡献度也存在差异(Botosan和Plumlee,2002)。重视企业会计信息的披露质量,利于解决管理层和潜在股东之间的信息不对称问题,潜在股东准确预测企业未来现金流的把握就会加大,从而影响其向企业投入财力的报酬(Leuz和Verrecchia,2005)。Francis等(2004)用国际权威机构发布的披露指数作为信息披露水平的代理变量,发现如果企业对外部融资有很大的需求,企业自身就会自觉提高信息披露水平,从而获取较低的融资成本。汪炜和蒋高峰(2004)发现公司信息透明化程度的上升降低了其股权融资成本。曾颖和陆正飞（2006）发现评级越高、盈余质量越好，企业权益资本成本越小。Lambert等（2007）分析了会计信息质量作用于权益资本成本的两种影响途径：一是直接影响，因为信息质量的提高降低了不可分散风险，并影响了企业现金流与其他企业现金流之间的协方差；二是间接影响，因为公开披露高质量的财务信息会直接影响客户对公司的投资意向和投资期限。

支晓强和何天芮（2010）发现强制信息披露阻碍了权益资本成本的上升，并且与自愿披露共同作用时效果更明显。Bhattacharya等（2012）发现盈余质量异常的现象造成权益资本成本的膨胀，并且盈余质量可以通过信息不对称这一中间因素对权益资本成本发挥作用。Li和Yang（2014）在控制了宏观条件、市场波动等因素后，发现增加信息披露可以提高信息的准确性，从而降低了市场上的权益资本成本。Fu等（2012）和大部分学者不一样，他们从信息披露数量角度，而不是信息披露质量角度着手研究，手工收集了中期财务报告披露的频率，发现高频率的报告披露降低了信息不对称和权益资本成本。王亮亮（2013）认为不管是研究真实盈余管理，还是研究应计盈余管理，均会造成权益资本成本膨胀。张金鑫和王逸（2013）发现会计信息的两种稳健性均能够有效降低企业的融资约束力，并且在解决融资难题上，非条件稳健性发挥的作用比条件稳健性发挥的作用大，可能是因为非条件稳健性及时确认坏消息的能力强。

陈恋（2017）发现企业只有在成长期和成熟期才能通过提高社会责任信息披露质量降低权益资本成本。刘娟（2018）发现创业板和中小板的公司的高质量信息披露，阻碍了权益资本成本的上升，并且机构投资者的存在增强了这种抑制效应。王文华和沈晓莉（2018）选择高新技术企业和一般企业作为样本，分样本研究信息披露质量与权益资本成本的关系，发现虽然在两个样本组中它们之间均是负相关关系，但是对于高新技术企业，提高信息披露质量降低权益资本成本的效果更为明显。

当然也有一些学者反对上述观点。Botosan和Plumlee（2002）对此做出了解释，他们认为提高信息披露水平固然可以吸引投资者，增强投资者的信心，但是股票流动性增强也会导致一些消极影响，比如企业股票价格波动变大，给投资者留下直观的负面印象，由此带来了权益资本成本的上升。

(3) 内部控制对权益资本成本的影响

投资者做出投资决策前，一般通过双渠道——公开渠道和私人渠道了解投资对象，但绝大部分信息来自投资对象向公众披露的信息，所以企业经过内部控制流转后的公开披露的信息会直接作用于其权益资本成本。Ogneva 等（2007）发现隐含内部控制缺陷并将其公开披露的公司增加了自身的股权融资成本，但是在控制分析师预测偏差等主要可能影响因素后，这种现象不存在了，说明内部控制缺陷与高权益资本成本没有关键联系。Ashbaugh 等（2008）发现，相比于未报告内部控制缺陷的公司，报告了内部控制缺陷公司的应计利润较为异常，意味着它们的应计盈余质量较低，间接影响了其股权融资的代价。Hammersley 等（2008）选择萨班斯—奥克斯利法案 302 条款（Sarbanes-Oxley Act 302，SOX 302）实施后的样本，探究资本市场如何感知企业向公众公开的内部控制相关信息，发现对其有效性的评价信息让投资者树立了信心，而对其缺陷和重大缺陷的披露则降低了股价，进而给权益资本成本带来负面影响。Beneish 等（2008）分别研究了 SOX 302 和萨班斯—奥克斯利法案 404 条款（Sarbanes-Oxley Act 404，SOX 404）两个法案实施后内部控制缺陷和权益资本成本的关系，结果表明 SOX 302 法案正式实施后，美国公司若披露内部控制缺陷，会造成其权益资本成本明显增加，但 SOX 404 法案实施后未发现类似现象。Ashbaugh 等（2009）使用 SOX 404 实施前的内部控制信息披露和 SOX 404 实施后的内部控制信息披露，以评估其质量的变化对企业的风险和权益资本成本的作用，发现内部控制信息披露质量高的企业会大幅度降低其信息风险而产生收益，从而表现出更低的权益资本成本。

吴益兵（2009）选取自愿公开披露内部控制信息的 A 股上市公司做样本，发现广大投资者并不会轻信披露的所有有关内部控制的信息，只有经过独立审计的，才有机会得到投资者的青睐，从而有效增强企业会计信息的价值相关性，降低企业的筹资成本。李超和田高良（2011）利用主成分分析法将内部控制质量量化，有效检验了良好的内部控制抑制权益资本成本的作用。王敏和夏勇（2011）运用归纳分析法回顾以往文献，概括出了内部控制质量作用于权益资本成本的两种影响机制：一是直接影响机制，内部控制质量的好坏波及了盈余质量的高低，投资者面临的不确定性就会不同，进而影响投资者索要投资回报；二是间接影响机制，内部控制严格程度会影响管理层的决策行为和机会主义行为的发生频率，从而影响归属于投资者的现金流，最后还是作用到权益资本成本上。张然等（2012）均认为内部控制自我评价报告的主动公开表明企业对自身内部控制有一定的自信，这种信号传递给了投资者，便使其与权益资本成本负相关，而且相关鉴证报告的披露会进一步增强这种负向效应。

王艺霖和王爱群（2014）发现将内部控制缺陷公开和对内部控制进行审计向外界传递了性质相反的信息，前者会导致权益资本成本的增加，而后者有利于降低权益资本成本。廖义刚（2015）认为较为完善的内部控制能够缓解环境不确定性这一不利因素对权益资本成本的负面影响，并指出建立良好的内部控制环境尤其重要。陈矜和张月（2016）认为投资者偏好于内部控制审计报告，而不是自我评价报告。张俊民等（2018）发现：内部控制单独审计与权益资本成本显著负相关，内部控制单独审计对权益资本成本的降低作用主要存在于法制环境较差的地区和国有企业中；相比于整合审计，单独审计显著降低了上市公司的权益资本成本，提高了资本市场的融资效率。曾靓和戴文涛（2021）发现强制性内部控制审计有助于降低企业权益资本成本，该效应在风险高、信息不对称和委托代理问题严重的企业中更加明显，强制性内部控制审计通过降低企业风险、减少信息不对称和委托代理等方式对企业权益资本成本形成影响。

（4）公司治理的其他方面因素对企业权益资本成本的影响

①公司经营方面因素对企业权益资本成本的影响

叶康涛和陆正飞（2004）解释了上市公司融资成本存在差异的重要影响因素，除了考虑传统影响因素——β系数外，还考虑了企业的特征和行业的特征；相反，经营风险和信息不对称问题对权益资本成本的影响不重要。姜付秀和陆正飞（2006）验证了这个观点，多元化企业不利于降低权益资本成本，但可以降低企业总体的资本成本。Gay等（2011）以非金融公司为样本代表，比较了选择运用金融衍生品和没有运用金融衍生品的样本公司之间的权益资本成本，发现它们之间存在较大的差异，前者要低于后者，这表明公司会利用金融衍生工具来帮助自身脱离财务困境的风险。Embong等（2012）的目标是想证明大公司比小公司更能从信息披露中获益,于是他们把公司规模作为主要关注对象之一,而不再仅是控制变量,结果支持了他们最初的设想,大规模公司的信息披露明显地抑制了自身的权益资本成本,但未从小规模公司中得到支持证据。李姝等(2013)围绕公司披露的社会责任报告,研究其首次披露和质量水平对权益资本成本的影响,结果表明:首次披露明显抑制了权益资本成本,但由于我国监管机构未对社会责任报告的内容和形式做出统一要求,公司披露此类报告的质量较低,投资者不能从中捕获到有用信息,所以该报告质量与权益资本成本无关。

②其他方面的内部因素对权益资本成本的影响

Cheng 等(2006)发现较严格的股东权利制度可以预防管理层侵占财产行为的发生,有助于降低权益资本成本。蒋琰和陆正飞(2009)从治理制度的三个角度(董事会制度、管理层薪酬的分配制度和企业控制权的博弈机制)入手,研究它们与权益资本成本的关系,发现公司治理的这三个单一制度对权益资本成本的影响不明显,但是综合评价的公司治理有助于降低权益资本成本。Huang 等(2009)发现管理层持股可以减少委托代理问题,从而降低权益资本成本,并且在管理层持股的样本中,不存在股权集中度变高导致权益资本成本上升的现象。Chen 等(2013)利用首席执行官(CEO)的薪酬水平代表高管的薪酬差异,发现提高高管的实际薪酬会增加自身的股权融资成本,进一步的分析也表明,自由现金流代理问题越严重、CEO 继任规划越重要时,高管薪酬和权益资本成本的正相关性越强。张琛(2016)认为适度的股权激励能够有效约束管理层的逆向选择和道德风险,然而在他的样本中,股权激励反而显著增加了权益资本成本,说明股权激励政策使得公司管理层权力过度膨胀,反而加重了委托代理问题。

(5)文献评述

回顾国外有关企业权益资本成本的近十来年的文献,发现国外学者对影响权益资本成本的探索范围极广,粗略地可以分为两大类:企业内因和企业外因。企业内因主要体现在企业自身特征、财务风险特征和企业的治理能力等,企业外因集中体现在行业特征、法律制度等方面。

关于中介机构与法制、政治关联等外部环境因素对企业权益资本成本的影响的基本观点是：分析师对公司乐观的盈余预测、关注度等都会降低企业的权益资本成本；审计质量的某些属性（审计师规模、审计师行业专长和审计师任期）对客户公司权益资本成本有负向影响，特别是对小规模企业；法律制度越健全，或者政治关联度越高，企业的公司权益资本成本越低。

关于企业信息披露质量如何影响权益资本成本，学者对此观点较为一致，都认为企业公开披露的信息，其质量水平越高，越能有效地抑制企业的权益资本成本。

通过回顾关于内部控制和权益资本成本关系的文献，发现学者主要从内部控制信息披露质量、内部控制缺陷、自评报告、其鉴证报告及其审计报告等角度进行研究，对此得出了基本相同的结论：提高内部控制质量，或者其经过独立审计的自我评价报告，或者其鉴证报告均有助于降低权益资本成本；内部控制缺陷的披露往往向投资者传递了企业内部控制环境较差的信号，因此投资者通常会索要较高的投资回报。

国内外关于公允价值分层计量对权益资本（股权融资）成本影响的文献很少。学者普遍认为提高信息披露质量有助于降低权益资本成本，本书将验证公允价值分层计量信息对权益资本成本的影响。目前，学者同时涉猎公允价值分层计量、内部控制质量和权益资本成本三者的研究尚未出现，进一步考虑审计质量和产权性质对公允价值分层计量和权益资本成本的关系的文献就更没有了，本书试图丰富这一研究领域。

1.3.6 公允价值分层计量对公司债券信用利差（融资成本）的影响

国内外有关公允价值分层计量对公司债券信用利差（融资成本）影响的文献很少，有如下几篇：Ayres 等（2016）发现持有较高的第三层次资产的信息风险较大，债券的息差也越大。Magnan 等（2016）认为公允价值计量项目第三层次的项目占比越高，企业债务融资的成本就越高。周宏等（2019）通过实证研究发现：在投资性房地产中采取公允价值计量模式能降低企业的债务融资风险；同时，对不同产权性质的企业，投资性房地产公允价值计量模式对国有企业和民营企业有不同的影响,即民营企业的债务融资风险相较于国有企业影响更大。该部分的文献综述将从公司债券信用利差(融资成本)影响的宏观、微观因素展开,为后续研究提供参考。

(1)债券信用利差的宏观影响因素研究

①国外宏观影响因素研究

Merton(1974)首次提出了经典的信用风险的结构化模型,认为无风险利率与公司的信用利差相关。Duffie 等(2007)的研究证明 GDP 水平与债券的违约风险具有显著的相关性。Boubakri 等(2010)认为公司债券信用风险的影响因素包括外部宏观环境的变化。Palomino(2011)研究发现当货币政策不稳定或者出现通货膨胀时,债券持有人要求对这种风险进行补偿,当经济变得不那么容易受到通胀风险的影响时,投资者持有债券的风险补偿要求也会降低。Zhu 等(2015)内源性构建了一个全球 CP 因子,并考察了国际政府债券风险溢价的可预测性,结果发现全球 CP 因子对债券超额收益具有经济和统计上的显著预测能力。Guo(2018)发现货币政策条件、金融市场波动性对企业债券信用利差有显著的影响。Bali 等(2019)发现当企业债券面临更高的宏观经济不确定性时,需要更高的企业债券溢价作为补偿。Cepni 等(2020)发现宏观经济和金融变量在解释本币债券超额收益方面包含有价值的信息,在风险较小的时期,宏观经济在解释风险溢价方面起到重要作用。Leal 等(2020)发现在不同时期,债券的流动性溢价也不同,在金融危机发生后,债券的流动性显著降低了债券的溢价。

②国内宏观影响因素研究

范龙振等(2009)研究了中国债券市场利率和债券的超额回报率与货币政策变量、宏观经济变量的关系,发现:市场短期利率或官方利率越大,通货膨胀率越高,债券的超额回报率越大;实际消费增长率越大,货币供给量增加越快,债券的超额回报率越小。周宏等(2011)通过面板数据检验了宏观经济变量对我国债券信用利差的影响,宏观经济变量中股票市场波动率、通货膨胀率以及人民币对美元的汇率都会对中国信用债的利差产生影响。戴国强等(2011)通过研究宏观经济变量对沪深债市的信用利差的影响,得出 GDP 指数和 M1 发行量对企业债券信用利差的影响为正，无风险利率和收益率曲线斜率的影响为负。于静霞等（2015）研究了货币政策和宏观经济对我国企业债券信用利差的影响，发现随着债券信用级别的降低，货币政策的调整和宏观经济的波动对债券信用利差的影响是增强的，其中M1和通胀水平等都会对债券信用利差产生正向影响。赵建华等（2020）研究发现当采用紧缩的货币政策时，企业债务融资规模和融资渠道都会受到较大的消极影响，并且"非国企"受到的限制更加显著。

综上，GDP水平、无风险利率和通货膨胀、货币政策、金融市场波动性等宏观经济层面的因素对债券信用利差均有显著影响。

（2）债券信用利差的微观影响因素研究

①国外微观影响因素研究

Dragon等（2010）发现公司的现金流量波动性越大，则其发行债券的信用利差越大。Kisgen等（2010）探讨了信用评级与融资成本的关系，发现评级机构将债券评级每提高一个等级，则相对应的债券融资成本会下降39个基点。Kim等（2013）设计了与债权人相关的信息可比性衡量指标，发现这些指标可比性较高，交易债券的买卖价差就较低，同时降低了债务市场参与者感知企业信用风险的不确定性。换言之，提升财务信息的可比性，有效地发挥了其抑制信息不对称的潜能，进而降低筹集资本的代价。Evgenidis等（2014）的研究发现，在经济扩张时期，债券价格可以通过调整当前的息票结构相对容易地变化，而在经济衰退时期，息票结构对债券价格没有影响，这意味着，如果发行者希望在经济低迷时期有一个更灵活的价格，应该完全改变债券目前的结构。

Krylova（2016）研究了债券信用利差决定因素中具有相对重要性的指标，包括企业评级、票面利率、期限和流动性等。Yang等（2017）以2007年至2013年中国企业债券为样本，考察了承销团与债券成本之间的关系，发现组建承销团与债务成本之间存在显著的负相关。Simpson等（2017）的研究证明了债券市场确实重视限制性契约，而且市场在评估限制性契约时，会对经济状况的变化做出反应，提供了最优契约假设的额外证据。Amiram等（2018）发现在美国证监会颁布《公平披露规则》之后，相对于有评级信息的公司，没有评级信息的公司的债券票面利率增加得更多。Narayanan 等（2018）发现债券的利差会随着信用违约互换（CDS）的保险而增加，该增加是因为 CDS 保险的作用等同于提高了财务困境解决的成本。Bazzana 等（2018）基于俄罗斯企业及其发行债券的异质性，发现债券保护性条款对债券的信用利差有负向影响。

②国内微观影响因素研究

周宏等（2012）发现企业债券发行者和投资者之间的信息不对称程度与企业债券信用利差之间存在显著的正相关性。方红星等（2013）发现对于发行公司债券的国有企业而言，其在发行过程中的债券信用利差较低，是因为政府发挥了隐性担保的作用。杨大楷等（2014）发现：应计项目和真实活动盈余管理都与信用利差显著相关，盈余管理程度越高，公司债券的信用利差越大；另外，债券发行方的资产规模和产权性质对于信用利差的影响也十分显著。周宏等（2016）发现，发行公司债的公司承担的社会责任越多，其发行债券的信用利差越低，在民营企业中该影响更为显著。王雄元等（2017）探讨了大客户在公司债发行定价中的作用及承销商的调节效应，研究发现，第一大客户销售占比与公司债券的发行价差呈显著正相关，说明大客户对公司债发行定价具有风险效应，并且发现承销商声誉能抑制大客户对公司债发行定价的风险效应。欧阳才越等（2018）发现控股股东的股权质押行为会导致新发行的公司债券的信用利差更高，环境背景不同，影响因素不同对债券定价的影响程度有一定差异。李永等（2018）的研究发现，投资者情绪越高涨，投资者对公司债券信用利差的要求越小；投资者异质性越大，公司债券信用利差会越大，并且不同风险特征的公司债券受投资者情绪和异质性的影响程度存在显著差异。林晚发等（2019）通过实证表明，承销商的评级能够显著地负向影响债券的信用利差，在违约风险较高且信息不对称程度较高的环境中，这种影响更明显。邱杨茜等（2019）的研究表明：高管的股权激励水平越高，则其发行的公司债券的信用利差越高，并且产品市场竞争程度以及大股东控制权的增加显著提高了高管股权激励水平对公司债券信用利差的正向影响；面对较高的债务融资成本，上市公司会调整高管股权激励水平，避免债务融资条件恶化。

综上，微观层面影响债券信用利差的因素有：现金流的企业财务状况、控股股东的股权质押、企业承担的社会责任、产权性质、股权激励等。

(3) 文献评述

经过梳理上述国内外学者对公允价值的研究成果，发现无论是国际学者还是我国学者，他们普遍承认公允价值的价值相关性，并且承认市场活跃度越高，价值相关性越强。一方面，引入公允价值计量模式后，活跃市场中的资产和负债的公允价值更具相关性和公允性，降低了信息不对称的程度。另一方面，公允价值不同层次也带来不同的信息质量、不同的影响，国内外学者普遍认为其价值相关性随着层次的降低而升高，其中第一层次的公允价值相关性最高，而第三层次公允价值相关性最低，不同层次的公允价值信息的风险程度不同，随着公允价值层次的升高，信息中蕴含的风险也越大。公允价值计量模式的应用值得广泛推广，只是在应用方面存在一些值得注意的问题，比如，会计人员对公允价值分层计量的理解不够透彻、市场监督不够以及相关法律制度的不完善等。与公允价值相关的文献多是规范类研究，进行实证检验的较少，本书希望通过实证检验证明公允价值对公司债券信用利差（融资成本）的影响，这是一个值得探讨的领域。

总的来说，我国理论界关于债券融资成本也就是信用利差的研究还处于初步探索阶段，很多领域尚未涉足，目前研究较多地聚焦于单个因素对债券信用利差的影响，如债券评级、债券契约、股权性质、承销商声誉以及内部控制等，忽略了会计信息中公允价值计量项目这一因素对债券信用利差的影响。众多研究显示，良好的制度环境和稳定可靠的信息能够显著降低债券的融资成本，但是大部分文献讨论银行借贷和政府债券，对公司债券的研究相对较少，而公司债券更加具有市场特征，对风险的识别也更加敏感，因此以公允价值计量项目信息为切入点，研究对债券信用利差的影响，是有研究空间和研究意义的。

本书基于以上分析，借鉴近年来较为成熟的理论和模型，结合我国债券市场特有的环境，分别验证公允价值变动与公允价值分层计量项目对我国公司债券信用利差的影响，希望在已有研究上进一步扩展、充实和丰富我国债券市场上的研究成果。

1.4 研究思路

本书的研究思路如图 1-1 所示。

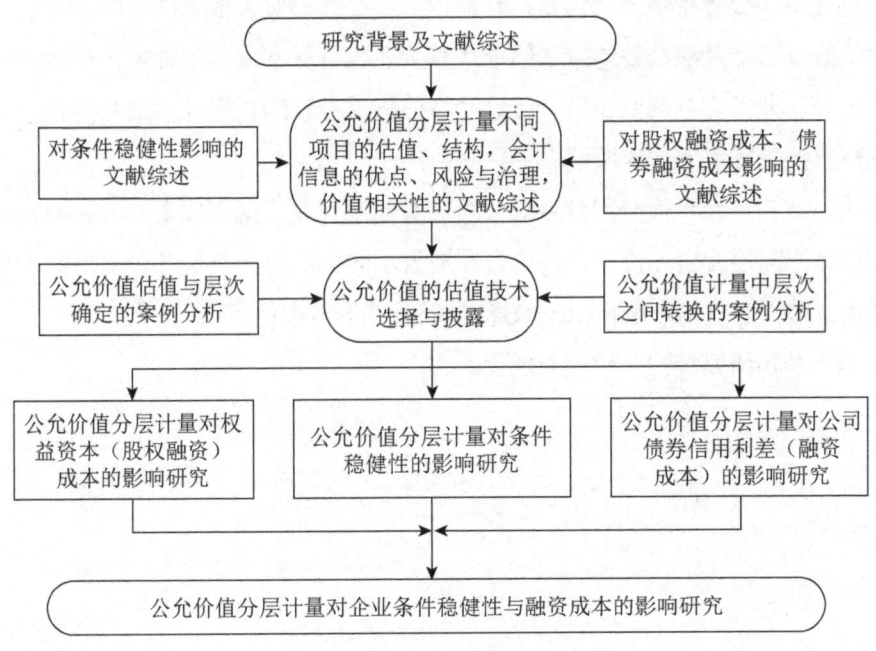

图 1-1 研究思路

1.5 研究内容

第 1 章，绪论。研究背景与意义，文献综述，研究思路与内容。

第 2 章，公允价值分层计量案例研究。案例解析公允价值计量的估值技术、信息披露、层次转换的方式。研究不同的公允价值层次如何选择相应的估值技术与披露方式。比较国内外公允价值层次转换的披露内容，为国内企业提供具体规范的披露范例。

第 3 章，公允价值分层计量对条件稳健性的影响研究。验证中国上市公司公允价值计量的第二、第三层次项目对公司损益存在条件稳健性影响，并进一步分析这种影响在企业年平均营业利润中的经营活动现金持有量、审计质量、内部控制环境下的异质性。

第4章，公允价值分层计量对权益资本（股权融资）成本的影响研究。研究公允价值分层计量项目整体、不同层次对企业权益资本成本的影响，分析内部控制质量对这种影响的调节作用，并进一步分析这种影响在审计质量和国有企业的产权性质控制环境下的异质性。

第5章，公允价值分层计量对公司债券信用利差（融资成本）的影响研究。分析披露不同程度公允价值计量项目和披露不同层次公允价值计量项目的占比对公司债券信用利差的影响，以及该影响在不同的控制环境下的变化。

第6章，研究结论、建议与展望。

第 2 章
公允价值分层计量案例研究

2.1 引言

2.1.1 研究背景

2017 年 10 月，党的十九大报告指出："健全金融监管体系，守住不发生系统性金融风险的底线"。截至 2018 年 1 月，11 个省（市）领导班子里已经配备了具有金融背景的官员，目的是防范地方金融风险（《联合早报》，2018-02-04）。2018 年的农历正月初八，发生了民营保险业巨头安邦集团被接管事件。综上所述，足见防范我国金融风险的紧迫性与重要性。公允价值计量是金融业普遍使用的计价方法，它是一种盯市价格，如果价格信息发生了偏误，将会产生信息有偏风险，随着这种风险被累积或加杠杆，会造成系统性的金融风险。2006 年 FASB 发布了《财务会计准则公告第 157 号——公允价值计量》（SFAS 157），首次提出公允价值分层次计量与披露的方法。2006 年我国财政部发布的《企业会计准则》引进了公允价值计量方法。2011 年 IASB（International Accounting Standards Board，国际会计准则理事会）发布了《国际财务报告准则第 13 号——公允价值计量》（IFRS 13），提出了公允价值计量的三层次理论。2014 年我国财政部发布了《企业会计准则第 39 号——公允价值计量》（CAS 39），CAS 39 解决的最为核心的问题——分三个层次进行计量及披露的要求。

SFAS 157、IFRS 13 及 CAS 39 的目标都是提供无偏误的公允价值信息。公允价值分层计量试图通过程序理性来实现结果理性。第二层次、第三层次的输入值是需要利用估值技术进行调整的。

2.1.2 研究意义

现行的《企业会计准则——应用指南》并没有统一的规则来规范估值技术的使用。目前常用的公允价值估值技术有市场法、收益法和成本法，然而没有相关的通用准则说明如何进行估值技术的选择，因此企业在进行公允价值分层计量时对估值方法的选择空间较大，这导致了公司在资产和负债的公允价值计量过程中所披露的信息具有一定的偏好性。估值技术使用不规范增加了输入值的随意性，为企业操纵金融资产及负债的账面价值提供了可能，同时给审计工作造成了一定的难度，也导致报表使用者对公司状况的分析更为困难。因此，准则的解读和案例分析，为公允价值分层计量中估值技术的选择和不同层次的转换提供范例，为公司准确使用公允价值计量方法提供应用的指引。

2.2 上市公司公允价值分层计量中存在的主要问题

为了对上市公司公允价值计量及披露现状有更清晰的认识，笔者收集分析了证监会发布的对不同上市公司年报的问询函，针对问询中有关公允价值的部分进行研究。CAS 39 在 2014 年 7 月 1 日正式实施，因此将数据收集时间范围定为 2014—2017 年。研究发现，企业在公允价值计量的披露过程中存在披露不全面的问题，并就出现次数较多的问题进行整理，为上市公司日后信息披露时规避不必要的问题提供一定的帮助。证监会发布的对不同上市公司年报的问询内容详见表 2-1、表 2-2，由这些表可知：企业在进行金融资产、负债及投资性房地产的公允价值计量时，需要主动披露项目的认定过程，包括其详细的构成情况、公允价值输入值的来源等；同时，自觉披露公允价值估值方式的选择原因、资产年度价值变动情况及其原因和管理层审议程序，并对其合理性进行复核。

表 2-1　证监会常见问询方式 I

类别	披露过程中出现问题的常见科目	问询事项	证监会常见问询方式
金融资产	交易性金融资产	报告期内，该金融资产产生的损益为 0	结合该资产期末和期初公允价值变化情况，说明未对报告期损益产生影响的原因
		报告期内，你公司将衍生金融资产确认为一项交易性金融资产，期初数为 30.87 万元，本期公允价值变动损益 4.41 万元，计入权益的累计公允价值变动 35.28 万元，本期全部完成出售	请补充披露公司开展的衍生品投资的具体情况，将其作为交易性金融资产进行会计核算后公允价值变动的会计处理情况、对损益的影响金额是否列报准确，相关业务开展前是否履行必要的审议程序和披露义务
	可供出售金融资产	可供出售金融资产	说明该项可供出售金融资产的具体构成及公允价值的取得途径
	可供出售金融资产	年报披露的可供出售金融资产的账面余额，及提取的减值准备	（1）各项金融资产的名称、数量或持股比例、取得时间和初始成本、报告期增减原因、数量和价格，期末数量和金额 （2）当期减值准备余额和计提原因，采用的减值测试方法和是否充分计提
	股权投资	报告期内，取得其他公司的控股权，原股东未实现承诺利润，造成缺口，你公司将其计入以公允价值计量且其变动计入当期损益的金融资产及公允价值变动损益	请说明该会计处理的合理性
	其他	报告期末，公司以公允价值计量的金融资产中，"其他" 4 项余额为 16.64 亿元	请补充披露 "其他" 项目的详细构成情况
金融负债	指定为以公允价值计量且其变动计入当期损益的金融负债	指定为以公允价值计量且其变动计入当期损益的金融负债期初余额为 2.92 亿元，期末余额为 0	补充披露该业务相关的会计处理及依据，说明该会计处理是否符合会计准则

表 2-2 证监会常见问询方式 II

类别	披露过程中出现问题的常见科目	问询事项	证监会常见问询方式
投资性房地产	投资性房地产	将固定资产转为投资性房地产并采用公允价值计量，同时将公允价值与账面价值的差额扣除所得税后计入其他综合收益	说明对该事项履行的审议程序和信息披露义务的情况，并结合评估报告说明该笔非经常性损益的会计处理及其合规性
		对投资性房地产采用第二层次公允价值计量	补充披露使用的估值技术和输入值的描述性信息
		投资性房地产	说明用于出租的投资性房地产承租方明细、对应的出租面积及年限、合同金额、同类或类似房地产的市场价格等，进一步说明物业出租业务盈利能力是否具有可持续性
		因目前公司所持有的投资性房地产所在地有活跃的房地产租赁和交易市场，投资性房地产的公允价值能够持续可靠取得，公司从报告期初将投资性房地产的计量方法由原来确定的成本计量模式变更为公允价值计量模式	请结合相关物业所在地的经济环境、房地产市场情况、相关物业的出租率、你公司实际经营情况等，说明公司于报告期变更投资性房地产的后续计量模式的原因及其合理性，相关会计处理和审议程序是否符合《企业会计准则》的有关规定
	投资性房地产	投资性房地产	说明上述投资性房地产期末公允价值的计算过程及其依据，涉及评估的，请说明具体的评估方法、评估参数，并提供评估报告

2.3 公允价值计量的估值技术、披露与案例分析

2.3.1 公允价值的估值技术选择与披露

(1) 公允价值的估值技术选择

企业以公允价值计量相关资产或负债,使用的估值技术主要包括市场法、收益法和成本法。

①市场法

市场法,是一种使用相同或类似的资产、负债或资产和负债组合以及其他相关市场交易信息进行估值的技术。在活跃市场中,相同的资产或负债存在报价,且企业在计量日能够进入该活跃市场,该报价为公允价值计量提供了最可靠的凭证。当一项资产或负债在多个活跃市场中存在报价时,有必要识别出代表特定事实和情况下公允价值的市场和价格。市场价格可直接观察到的,适用市场法,此时评估的公允价值计入第一层次或第二层次。当市场活跃时,可直接观测的市场价格的承载对象与计量对象完全一致且交易往来频繁,即符合计入公允价值第一层次的要求。当市场价格的承载对象和计量对象不完全一致,但通过适当调整可观测的市场价格之后获得了公允价值,或者市场价格的承载对象与计量对象相同,但市场价格并不是基于活跃的市场,那么市场法满足公允价值第二层次的要求。

②收益法

收益法,是将未来金额转换成单一现值的估值技术。企业常用收益法中的现值技术、期权定价模型对资产进行估值,还会用多期超额收益法衡量某些无形资产的公允价值,所估算公允价值往往计入第二层次或第三层次。当企业在使用收益法过程中涉及的输入参数都可被市场直接证明时,即符合公允价值第二层次的要求。若运用的输入参数并非都可直接观察到,且这些参数无法直接通过市场渠道验证时,则考虑为公允价值第三层次。

③成本法

成本法,是反映当前要求重置相关资产服务能力所需金额的估值技术。该方法依据的原理是作为买方的市场参与者为资产支付的金额将不会超过重置资产服

务能力所需的金额。一般而言，在评估实务上采用成本法计量公允价值的，往往都归为公允价值第三层次。

表 2-3 归纳了公允价值计量领域中计量层次与估值技术之间的关系。计量对象与所取参照物的类似性，及该资产或负债在市场上的交易频繁程度，都与估值技术的选择有重大联系，而这些因素恰恰决定输入值的层次，从而判定估算的公允价值应计入的层次。

表 2-3 计量层次与估值技术的关系

估值技术		计量模型	类似性	市场上观察到的交易频繁程度与交易量	计量层次
市场法	A. 源于活跃市场上的直接报价而未对报价进行调整	盯住市场（mark to market）	相同	高至中（取决于对公允价值计量准则中"足够"标准的满度程度）	市场上可观察到的（第一层次）
	B. 未经重大调整的报价	盯住市场	相同	高至中（同上）	市场上可观察到的（第一层次）
	C. 源于非活跃市场中的报价或需要对报价进行重大调整	"运用评估技术"盯住评估/模型（mark to valuation/model）	相同	低/受限制	市场上可观察到的（第二层次）
			相似（报价经重大调整）	高至中	
收益法	现金流折现法、期权定价模型、多期超额收益法、许可权节约法、增量现金流法等		盯住评估/模型	相似	中至低/受限制	市场上可观察到的/无法观察到的（第二、第三层次）

续表

估值技术		计量模型	类似性	市场上观察到的交易频繁程度与交易量	计量层次
成本法（资产基础法）（单项资产/资产组）	复原重置成本法、更新重置成本法	盯住评估/模型	相似	中至低/受限制	市场上可观察到的/无法观察到的（第三层次）

（2）公允价值的披露

2018年8月修订的《国际会计准则》补充了公允价值计量中估值技术和输入值的披露方法［Fair Value Measurement（Topic 820）］；该准则规定对于公允价值的第二、第三层次的计量，报告主体应当主动披露估值技术和计量过程中使用的输入值；对于公允价值第三层次的计量，使用的重要不可观察输入值必须是定量的，应当详细披露。为了符合披露要求，报告主体可以参考表2-4进行披露。企业在进行公允价值第三层次评估时，应该详细披露资产账面价值估算过程中所使用的具体的估值技术及涉及的输入参数，如违约概率、营收倍数及信贷年化波动率等，这些输入值都是定量的。

表2-4 关于第三层次的公允价值计量的定量信息

资产类型（百万美元）	公允价值	估值技术	不可观察输入值	范围（加权平均）[e]
住房抵押贷款证券	125	现金流量贴现法	固定提前偿付率	3.5%～5.5%（4.5%）
			违约概率	5%～50%（10%）
			损失幅度	40%～100%（60%）
商业抵押贷款证券	50	现金流量贴现法	固定提前偿付率	3.0%～5.0%（4.1%）
			违约概率	2%～25%（5%）
			损失幅度	10%～50%（20%）
债务抵押债券	35	共识定价法	提供的报价	20～45（30）
			可比性调整（%）	−10%～15%（5%）

续表

资产类型 （百万美元）	公允价值	估值技术	不可观察输入值	范围（加权平均）[e]
直接风险投资：医疗保健	53	现金流量贴现法	加权平均资本成本	7% ～ 16%（12.1%）
			长期收入增长率	2% ～ 5%（4.2%）
			长期税前营业利润率	3% ～ 20%（10.3%）
			不可流通折扣[a]	5% ～ 20%（17%）
			控股溢价[a]	10% ～ 30%（20%）
		市场比较法	EBITDA 倍数[b]	10 ～ 13（11.3）
			营收倍数[b]	1.5 ～ 2.0（1.7）
			不可流通折扣[a]	5% ～ 20%（17%）
			控股溢价[a]	10% ～ 30%（20%）
	32	现金流量贴现法	加权平均资本成本	8% ～ 12%（11.1%）
			长期收入增长率	3% ～ 5.5%（4.2%）
			长期税前营业利润率	7.5% ～ 13%（9.2%）
			不可流通折扣[a]	5% ～ 20%（10%）
			控股溢价[a]	10% ～ 20%（12%）
		市场比较法	EBITDA 倍数[b]	6.5 ～ 12（9.5）
			营收倍数[b]	1.0 ～ 3.0（2.0）
			不可流通折扣[a]	5% ～ 20%（10%）
			控股溢价[a]	10% ～ 20%（12%）
信贷合同	38	期权定价模型	信贷年化波动率[c]	10% ～ 20%（13%）
			对手信用风险[d]	0.5% ～ 3.5%（2.2%）
			自我信用风险[d]	0.3% ～ 2.0%（0.7%）

注：

（a）表示报告实体在投资定价时确定市场参与者将考虑这些溢价和折扣时所使用的金额。

（b）表示当报告实体确定市场参与者在为投资定价时会使用该等倍数时所使用的金额。

（c）表示在估值分析中使用的波动率曲线的范围，报告实体已确定市场参与者在定价合约时会使用该波动率曲线。

（d）表示评估分析中使用的信用违约互换利差曲线的范围，报告实体已确定市场参与者在为合同定价时会使用该曲线。

（e）不可观察输入值为金融工具的相对公允价值加权值。对于信贷合同来说，平均数是投入的算术平均数，不以相对公允价值或名义金额加权。

2.3.2 公允价值估值与层次确定的案例分析

(1) 投资性房地产公允价值评估案例

①评估对象

本次评估对象是单项资产的价值，评估范围为评估基准日上海某公司所拥有的Ⅰ号楼、Ⅱ号楼和Ⅲ号楼（扩建综合楼）中认定为投资性房地产的部分及其对应的土地使用权。评估基准日为2019年11月1日。Ⅰ号楼的建筑面积为39,831平方米，其中以出租为持有目的的建筑面积18,550平方米，以投资性房地产入账；Ⅱ号楼的建筑面积为48,144平方米，其中以出租为持有目的的建筑面积为35,000平方米，以投资性房地产入账；Ⅰ号楼和Ⅱ号楼对应的土地使用权的面积为16,464平方米；Ⅲ号楼的建筑面积为19,563平方米，其中以出租为持有目的的地上部分建筑面积为16,360平方米，公共配电间的面积为52平方米，地下部分建筑面积为3,151平方米，Ⅲ号楼对应的土地使用权的面积为6,015平方米，全部用于出租。截至评估基准日，委估资产申报的账面金额为645,542,271元。

②评估思路和方法

依照《投资性房地产评估指导意见（试行）》和《资产评估准则——不动产》，评估方需根据数据收集状况、评估目的、价值种类和其他相关条件，合理选择一种或多种适用的资产评估方法。投资性房地产的估值方法包括市场法、成本法和收益法。市场法是将评估对象与市场上已有交易往来活动的相同或类似资产进行比较从而确定评估对象价值；成本法是将资产的重置成本减去各种贬值以反映资产的价值；收益法又称收益现值法，通过将委估资产的预期未来收益进行资本化或折现来确定评估对象的价值。

本次评估中，第一，评估对象是附近的相似资产同样以出租为持有目的且有活跃的市场，但交易活动并不频繁；该委估资产的房产证表明土地使用权用途为工业用地，附近园区整体出售的案例极少，可比性不足；并且很难获取到与该评估对象类型、结构、功能相似的交易案例的完整信息，因此运用市场法进行评估是不合理的。第二，国内房地产市场的快速发展导致上海市房地产的价格近年增幅较大，对于以出租经营为目的的房地产来说，成本法并不能对其价值进行可靠评估，所以运用成本法也不合理。该投资性房地产的持有目的是获取租金收益，未来没有出售的意图和计划，并且目前处于对外出租状态，公司有较为稳定的租金收益，可以收集相关的出租数据，评估方可预测其未来收益，因此运用收益法进行评估更合适。

综上，结合本次评估目的、资产现实状况、价值种类和评估方归纳整理的资料信息，运用收益法对投资性房地产进行评估最为合适。收益法是通过合理预测估值对象的未来收益，然后运用收益率或资本化率合理地对未来收益进行折现，以获得评估对象价值的评估方法。收益法的实质是根据房地产的预期未来收入获得估价对象的价值。此次评估模型如下：

$$P = \sum_{i=1}^{n} \frac{R_i}{(1+r)^i} + \frac{R}{r(1+r)^n}\left[1-(1+r)^{-(m-n)}\right] \quad (2-1)$$

(2-1) 中各变量如表2-5所示。

表2-5 变量及其解释

P：评估值	$(1+r)^i$：第 i 年的折现系数
R_i：未来第 i 年净收益	m：评估基准日后资产尚可使用年限
R：未来第 i 年以后每年等额净收益	n：净收益有变化的期限
r：采用的折现率	

采用收益法得出的房地产评估价值包含了房产的土地使用权价值。收益法的计算步骤可分为四步。首先，确定经济年限。根据该房产经济年限、土地到期日期核实相关房产、土地的尚可使用年限，根据资产最大效用原则，以委估房地产中土地的尚可使用年限为基础确定委估房地产的尚可使用经济年限。其次，确定资产租赁期内的租金收入和租赁期满后的租金收入。根据委估资产的实际经营状况，收集、整理有效的对外租赁合同，与相应的房地产和土地建立匹配关系，按照现行合同合理确定委估资产在合法有效租期内的租赁收入，并根据不同区域所对应的合理租金估算租赁合同到期后的租金收入。再次，计算委估资产的年度总运营成本。依照委估资产所在地区的缴税规定和运营情况，合理估算房地产在经营过程中发生的营业税金及附加、管理费、维修费、房产税、土地使用税、保险

费和班车租赁费。最后,根据房地产的收益经济年限、租金纯收益、折现率等参数合理确定房地产的估算价值。

③评估结论

截至评估基准日 2019 年 11 月 1 日,在持续使用和公开市场假设前提下,该公司纳入评估范围的投资性房地产的账面价值为 645,542,271 元,评估价值 645,951,322 元,评估增值 409,051 元,增值率约 0.06%。结论:输入值是可观察的,但相同资产的交易并不频繁,市场报价仍需调整,因此该投资性房地产的估值计入公允价值第二层次。

(2) 金融资产公允价值评估案例

根据甲公司 2019 年年报披露:第三层次的持续和不可持续的公允价值计量项目,以及所使用的估值技术和重要参数的定性定量信息。甲公司运用第三层次公允价值评估的金融工具中,其他股权投资和其他金融产品占较大比重。甲公司制定程序以确定适当的估值技术和输入值来确定持续的第三层次公允价值计量。甲公司定期测试相关程序及公允价值确定的适用性。详见表 2-6。

表 2-6　甲公司 2019 年度第三层次公允价值计量的定量信息

(单位:百万元)

项目	2019 年 12 月 31 日的公允价值	估值技术	不可观察输入值	对公允价值影响
非上市公司及流通受限的上市公司可供出售权益工具	4,485	上市公司比较法	流动性折价	折扣越高,公允价值越低
理财产品、私募债等投资	1,494	现金流量折现法	风险调整折现率	公允价值越低,可转债、折现率越高,

(3) 金融负债公允价值评估案例

2019 年 3 月 5 日,乙公司发行了 15 年期的固定利率债券,发行总金额为 4,500 万元,债券票面面值为 100 元,票面年利率为 10%。乙公司将该融资债券指定为以公允价值计量且其变动计入当期损益的金融负债。该债券在中国银行间债券市场有大量交易。2019年12月31日，每百元面值债券（包含应计利息付款额）的交易价格为88.5元。乙公司使用的报价来自同类债券的活跃市场，以此估算该负债的公允价值。公司需要判定该报价是否确实能够代表该负债的公允价值，这要求乙公司详细分解该报价的影响因子，排除不适用因子对负债的公允价值计量的有偏性影响，譬如第三方信用增级造成的偏误。

经过仔细分析市场报价，乙公司确定不需要调整该报价。因此，甲公司决定该负债的公允价值在2019年12月31日为3,982.5万元，计算式为［4500×（88.5÷100）=3982.5］。由此该金融负债计入第一层次。

2.4 公允价值计量中层次之间转换的案例分析

公允价值层次转换是指一项资产或负债的公允价值在不同层次之间转换。在企业经营过程中，市场环境和公司战略的变化都有可能导致金融工具的估值产生层次的变化。

CAS 39中，有关公允价值层次转换的披露要求分为三点：第一，企业要主动披露各层次之间转换的金额及转换原因；第二，确定每次发生公允价值层次转换时的会计政策；第三，每一层次的转入与转出应当分别详细披露。在计量第二层次公允价值时，需要专业人士对收集到的市场资料进一步评估和判别，所以通过模型估计的资产价值不具有充分的客观性；以公允价值计量的资产或负债进行层次转换时，较大的随意性将严重影响企业的当期价值；准则并未要求披露每个层次中金额发生变化的具体项目，不完全披露也给审计师的工作和投资者的决策带来困难，因此公允价值层次转换标准的细化势在必行。

下文列举了中国人寿保险股份有限公司、美国摩根大通集团以及高盛集团2017年年报中有关公允价值层次转换的部分，并进行比较分析，以说明公允价值层次转换在报告实体中的具体情况，以求得出更为合理全面的披露方式。

2.4.1 公允价值层次转换的案例分析

（1）中国人寿保险股份有限公司（以下简称中国人寿）案例分析
① 2017 年度中国人寿公允价值层次转换披露信息

第一、第二层次公允价值变动情况如下所述。2017 年度以公允价值计量的资产和负债中，19,275 百万元的债权型投资从第一层次转入第二层次；9,652 百万元的债权型投资从第二层次转入第一层次；股权型投资在第一层次和第二层次之间无重大转移。第三层次公允价值转入/转出情况。表 2-7 列示中国人寿 2017 年度以公允价值计量的第三层次金融工具变动情况。2017 年 12 月 31 日，公司采用的不可观察输入值包括加权平均资本成本、流动性折扣等，由此对金融资产进行估值并计入公允价值第三层次，但其公允价值对这些不可观察输入值的合理变动无重大敏感性。

表 2-7　2017 年度以公允价值计量的第三层次金融工具的变动情况

（单位：百万元）

项目	可供出售金融资产		以公允价值计量且其变动计入当期损益的金融资产	资产合计
	债权型投资	股权型投资	股权型投资	
年初余额	13,733	76,445	1,061	91,239
购买	47,909	15,197	—	63,106
转入第三层次	—	2,842	695	3,537
转出第三层次	—	-5,598	-1,059	-6,657
计入损益的影响	—	—	-42	-42
计入其他综合收益的影响	-519	315	—	-204
出售	—	-90	—	-90
到期	-3,790	—	—	-3,790
年末余额	57,333	89,111	655	147,099

②对中国人寿公允价值层次转换披露情况的评价

中国人寿在 2017 年年报中披露了以公允价值计量的债券型投资在第一层次与第二层次之间转移的金额，以及金融资产转入转出第三层次的金额；也披露了发生层次转换的金融资产的类别和金额。但中国人寿并未披露资产或负债发生层次转换的理由，导致报表使用者无法以此确定市场参数发生的变化。不够详尽、精准的披露可能使投资者在做出决策的过程中缺少判别证据，降低对企业的信任度，转变投资目标。

(2) 美国摩根大通集团案例分析

美国摩根大通集团（以下简称摩根公司）2017 年年报披露的公允价值层次转换内容如下。2017 年度，以公允价值计量的金融资产和负债在第一层次和第二层次之间没有显著的转移。从第三层次转至第二层次的包括以下内容：1.15 亿美元的交易贷款，公司此项重分类是由于投资者可获得的输入值变为可观察输入值；2.12 亿美元的衍生股权应付账款，由于可观察输入值的增加以及不可观察输入值重要性的降低。从第二层次转至第三层次的包括以下内容：1.10 亿美元的衍生股权应收账款和 25 亿美元的衍生股权应付账款，由于可观察输入值的减少以及不可观察输入值重要性的增加；2.17 亿美元的长期债务，由于某些结构性票据可观察输入值的减少以及不可观察输入值重要性的增加。摩根公司对以公允价值计量的金融资产或负债在第二层次与第三层次的转入、转出。

(3) 高盛集团案例分析

高盛集团的 2017 年年报披露的公允价值层次转换内容如下：2017 年度，金融工具从第一层次转至第二层次的资金为 6,300 万美元，这反映了这些工具的市场活动减少导致了公开股本证券公允价值层次的变化。2017 年度，金融工具从第二层次转至第一层次的资金为 1.54 亿美元，这反映了这些工具的市场活动增加而导致的公开股本证券公允价值层次的变化。高盛集团 2017 年度第三层次金融资产和负债的公允价值变动如表 2-8 所示。

表 2-8　第三层次金融工具的资产和负债公允价值变动的概要

（单位：百万美元）

项目	2017 年
金融工具资产合计	
期初余额	18,035
净已实现收益／（损失）	419
净未实现收益／（损失）	1,144
采购	1,635
销售	−3,315
结算	−2,265
转入第三层次	2,405
转出第三层次	−2,663
期末余额	15,395
金融工具负债合计	
期初余额	−62
净已实现收益／（损失）	−8
净未实现收益／（损失）	−28
采购	97
销售	−20
结算	−32
转入第三层次	−18
转出第三层次	3
期末余额	−68

注：1. 公允价值的变动是指截至本期末在第三层次的所有金融工具资产和负债的公允价值变动。2. 未实现的净收益／（损失）与期末仍持有的工具有关。3. 采购包括初始和二次采购。4. 如果一项金融工具资产或负债在报告期内转移至第三层次，则该期间的全部收益或损失均归入第三层次。对于第三层次的金融工具负债，增加显示为负数，减少显示为正数。5. 第三层次金融工具通常通过第一层次和第二层次金融工具以及／或第一层次、第二层次或第三层次衍生品进行经济对冲。因此，第三层次的收益或损失可由第一层次和第二层次金融工具和／或第一层次、第二层次或第三层次衍生品的收益或损失部分抵销。

因此，下面第三层次所包含的收益或损失并不一定代表对公司经营成果、流动性或资本资源的总体影响。表2-9按产品类型将上述汇总表所列金融工具资产的信息进行分解。

表2-9　不同产品的第三层次金融工具公允价值变动信息

（单位：百万美元）

资产或负债类型	2017年	资产或负债类型	2017年
商业房地产支持的贷款和证券		股票	
期初余额	1,645	期初余额	10,263
已实现净收益/（损失）	35	已实现净收益/（损失）	185
未实现净收益/（损失）	71	未实现净收益/（损失）	982
采购	176	采购	624
销售	−319	销售	−1,702
结算	−392	结算	−559
转入第三层次	141	转入第三层次	1,113
转出第三层次	−231	转出第三层次	−1,002
期末余额	1,126	期末余额	9,904
住宅房地产支持的贷款和证券		其他金融工具	
期初余额	845	期初余额	642
已实现净收益/（损失）	37	已实现净收益/（损失）	17
未实现净收益/（损失）	96	未实现净收益/（损失）	8
采购	98	采购	71
销售	−246	销售	−45
结算	−104	结算	−148
转入第三层次	21	转入第三层次	—

续表

资产或负债类型	2017 年	资产或负债类型	2017 年
转出第三层次	−79	转出第三层次	−118
期末余额	668	**期末余额**	427
公司贷款和债券			
期初余额	4,640		
已实现净收益/（损失）	145		
未实现净收益/（损失）	−13		
采购	666		
销售	−1,003		
结算	−1,062		
转入第三层次	1,130		
转出第三层次	−1,233		
期末余额	3,270		

截至 2017 年年末，属于第三层次的现金票据资产中已实现和未实现净收益共 15.6 亿美元，包括分别在作价买卖、其他主要交易和利息收入方面的收益/（损失）−0.99 亿美元，11.3 亿美元和 5.32 亿美元。

以下为第三层次公允价值变动的原因。首先，2017 年第三层次金融工具资产的未实现净收益主要反映了私人股本证券的收益，主要受强劲的公司业绩和具体公司活动的推动。其次，2017 年某些公司贷款、债务证券和私募股权证券从第二层次转入第三层次，主要是因为市场证据缺乏导致价格透明度降低，包括这些金融工具的市场交易减少。最后，2017 年某些企业贷款和债券转移和私人股本证券从第三层次转入第二层次，主要是由于随着市场证据增加而增加的价格透明度，包括这些金融工具的市场交易增加；某些企业贷款和债券转移到第二层次，主要是由于某些不可观察输入值对金融工具估值的重要程度减弱。

2.4.2 层次转换的案例分析总结

摩根公司和高盛集团在 2017 年的年报中准确披露了发生层次转换的金融资产和负债的类别（包括明细种类）及其金额，其中 CAS 39 并未要求明细种类的披露，但该部分的详细披露使报表使用者对于企业的财务状况有一个更细致的了解。他们还披露了以公允价值计量的金融资产和负债在不同层次间转换的详细原因，譬如私募股权证券从第二层次转入第三层次的原因在于该金融工具市场交易量的减少。

依照摩根公司及高盛集团的披露，报表使用者可以获取发生层次转换的资产和负债的类别以及账面价值，他们可以根据不同类别的转换金额占比分析不同市场活动所造成的层次转换对报表整体带来的多种程度的影响。此外，报表使用者能了解详细的转换原因，据此思考并分析该层次转换是否合理。

当企业的报告中披露了发生层次转换的金融资产及负债的明细类别、金额、以及详细的转换原因，报表使用者就不会对企业进行公允价值层次转换的理由产生困惑，并且他们可以基于专业能力合理推断出层次转换对其报表使用的影响。因此，建议企业可以按照高盛集团的披露方式对金融资产及负债公允价值的层次转换进行披露，不但披露每个层次年度转入、转出金额，还要将层次信息按明细种类进行分解，同时根据市场信息的可观察程度对公允价值层次进行排序，当发生的某一变动较大程度地影响了整体的公允价值计量，则下调原公允价值计入的层次。金融资产及负债层次转换时的完全披露是为了公允价值计量能更准确可靠，层次理念也能得到更好的实施，是报告主体信息公开体系完善过程中不可或缺的一部分。

2.5 小结

近年来，国际上公允价值计量领域的准则不仅趋于完善，而且对层次信息的引入为公允价值的研究开辟了新的思路。公允价值层次的划分及输入值的确定为公允价值计量框架的构建补充了新的思路和方向,为公允价值的推广创造了良好的条件。国内公允价值计量规范的建设也在不断地取长补短,但在公允价值分层的总体应用与披露方面尚存改进空间。在研究分析国内外有关公允价值计量的准则及有关资料后,本书进行如下研究工作。

第一,通过收集整理证监会对不同上市公司 2014—2017 年年报的问询函,归纳企业在有关公允价值的披露中常见的被问询方式,为上市公司日后信息披露时规避不必要的问题提供一定的帮助。

第二,归纳总结在公允价值第二、第三层次的估值过程中可采用的估值技术,以及如何通过输入值的层次进行估值技术的选择,并通过案例示例不同层次资产(负债)的估值以及披露方式。

第三,通过比较国内外著名上市公司在年报中有关公允价值层次转换的披露情况,发现国内企业公允价值层次转换披露在规范性与全面性方面有待完善,对报表使用者的分析与决策造成一定程度的影响,并针对这些缺陷提出相应的建议。

第 3 章
公允价值分层计量对条件稳健性的影响研究

3.1 引言

在 2008 年的国际金融危机中，公允价值信息对金融危机起到推波助澜的作用，因此许多人将国际金融危机发生的原因归咎到公允价值计量上。Fiechter（2011）发现在金融危机时期公允价值计量的信息存在一定程度的折扣。虽然公允价值计量对金融危机可能有一定的负面影响，但绝对不是根源所在（刘思淼，2009）。美国财务会计准则委员会（FASB）早在 2006 年实施了 SFAS 157 准则，这是针对公允价值计量较早的会计准则。财政部在 2014 年发布了《企业会计准则第 39 号——公允价值计量》（CAS 39），CAS 39 的最大贡献是给出了公允价值计量的方法以及分三个层次进行披露的规范。公允价值计量信息的有偏风险主要来自第三层次不可观察的输入值信息以及部分来自第二层次的近似输入值，第二、第三层次项目的计价方式为各种动机的"有偏"估价行为提供了"土壤"。Black 等（2018）认为当面对不确定性和缺乏验证性的经济环境时，投资者会期望条件稳健性的会计处理。条件稳健性作为有效的治理工具能够矫正财务报告的有偏行为，自发地形成一种有效的契约机制（Watts，2003；Lafond 等，2008）。条件稳健性是指企业在确认未实现的损益中的坏消息时，比确认好消息更加及时——在这种行为中所表现出的稳健性。当面临不可验证的公允价值估计时，条件稳健性可被用来减轻投资者等外部报表使用者对信息可验证性的担忧，可以增强其信心。

　　检验中国上市公司持续以公允价值计量的第二、第三层次项目对企业损益是否有条件稳健性影响；同时比较在年平均营业利润中经营活动现金流量占比、审计质量、内部控制质量分组中的条件稳健性影响的差异。该项研究的开展，对于识别中国实施CAS 39后的公允价值层次计量中的条件稳健性问题有着重要的现实意义，有助于更深层次地完善公允价值层次的相关理论，为准则的完善及上市公司监管提供参考。

3.2　研究设计

3.2.1　研究假设

　　公允价值计量的第二层次和第三层次项目的可观察性和可验证性都相对较低，这意味着管理层有更多的会计操纵机会。投资者等外部报表使用者对企业披露的不可验证的公允价值计量项目存在条件稳健性的需求。条件稳健性是应对由公司各方面带来的不对称信息以及没有办法对更多知情方的私人信息进行取证所造成的道德风险的一种手段（Watts，2003）。条件稳健性可以制约管理上的机会主义行为（Watts，2003）。Lafond和Watts（2008）认为传递的信息存在的不对称性会导致对条件稳健性的需求，条件稳健性在某种程度上削弱了管理者对财务业绩的夸大和对投资者等外部报表使用者的误导。如果投资者等外部报表使用者在决策中需要使用公允价值的信息，那么随着这些项目测量的可证实性下降，对条件稳健性的需求会增加。有着更多公允价值计量的第二层次和第三层次项目的公司会被投资者等外部报表使用者打更多的"估值折扣"，该类公司为了减少投资者等外部报表使用者对其第二层次和第三层次公允价值的估值折扣，会进行条件稳健性的会计处理，即处理未实现的损失比处理未实现的收益能更及时地实现这种"折扣"的减少。

　　相比之下，公允价值计量第一层次的项目易于被验证；如果公司有更多的第一层次的项目,对条件稳健性的需求应该是最小的。所以,对有着较大数额的、不可核实的公允价值计量第二、第三层次项目的企业而言,其损益中的条件稳健性更强。因此,本研究提出如下假设。

H1:公允价值分层计量中的第二、第三层次的项目占比越高,公司损益中的条件稳健性越强。

3.2.2 样本选择、模型构建与变量设计

(1) 样本选择

CAS 39 是在 2014 年 7 月 1 日开始施行,但在这之前已经有许多企业披露了公允价值分层计量的信息,所以数据收集时间是 2010 年至 2019 年。在初步分析沪深股市不同板块的上市公司披露的公允价值分层计量数据时,发现沪市 A 股或深市 A 股主板的上市公司披露的数据较为规范、完整,因此,样本主体是沪市 A 股及深市 A 股主板的上市公司。公允价值分层信息手工摘录于发布在巨潮资讯网、东方财富网的样本公司的年报;其他数据来源于 CSMAR 数据库(China Stock Market & Accounting Research Database)和 CCER 数据库、Wind 数据库。剔除数据披露明显不规范的或有缺失值的样本,样本量为 2,252 个。对模型中存在的连续变量进行上下 2% 的 Winsor 处理。实证分析采用 Stata 15.1。

(2) 模型构建

为了检验公允价值分层计量信息对企业损益的条件稳健性的影响,使用扩展的 Basu(1997)模型来验证,如下模型(3-1):

$$\begin{aligned}CI_{it} &= b_0 + b_1 D_{it} + b_2 Ret_{it} + b_3 D_{it} \times Ret_{it} + b_4 Mtb_{it} + b_5 D_{it} \times Mtb_{it} + b_6 Ret_{it} \times Mtb_{it} \\ &+ \beta_7 D_{it} \times Ret_{it} \times Mtb_{it} + \beta_8 FV\_AL1_{it} + \beta_9 D_{it} \times FV\_AL1_{it} + \beta_{10} Ret_{it} \\ &\times FV\_AL1_{it} + \beta_{11} D_{it} \times Ret_{it} \times FV\_AL1_{it} + \beta_{12} FV\_AL23_{it} + \beta_{13} D_{it} \\ &\times FV\_AL23_{it} + \beta_{14} Ret_{it} \times FV\_AL23_{it} + \beta_{15} D_{it} \times Ret_{it} \times FV\_AL23_{it} \\ &+ \sum \beta_j Year + e_{it}\end{aligned} \quad (3\text{-}1)$$

模型（3-1）中的各变量定义如表 3-1 所示。由于公允价值计量的第一层次的会计自由裁量权很小，所以可以预期模型（3-1）中 $D \times FV\_AL1 \times Ret$ 的系数不显著，即无论在好坏消息发生的条件下，FV_AL1 对 CI 都无显著影响。因为公允价值计量第二、第三层次项目有较大的自由裁量权，为了弱化投资者等外部报表使用者对该类项目的折扣评价，预期报表编制者会进行条件稳健性处理，所以预期公式（3-1）中的 $D \times FV\_AL23 \times Ret$ 的系数 β_{15} 是正向显著的。Mtb（市账比）捕捉了企业建立起的一定程度的松弛量，作为在减值需要开始之前去吸收各种"坏消息"（Beaver 和 Ryan，2005）。当资产项目的可收回金额确定低于其账面价值时，可通过各种减值准备或公允价值变动损益等实现。Lawrence 等（2013）将 Mtb 视为非条件稳健性的一种代理变量。在模型（3-1）中，构造了 $D \times Mtb \times Ret$ 项；模型中还将加入对研究有影响的其他控制变量。模型采用企业 ID 与年份双向固定效应模型，并且报告聚类稳健标准差。

（3）变量设计

各变量的定义如表 3-1 所示。

表 3-1 变量定义表

类型	名称	代码	计算方法
被解释变量	公司损益	CI	营业利润 / 年初股权的总市场价值
解释变量	年平均回报率	Ret	对 12 个月的月度股票回报率取平均值得到相应年度的平均回报率
	是否坏消息	D	如果 Ret ＜ 0，关键指标变量为 1，此时代表"坏消息"，否则为 0
	市账比	Mtb	总市值 / 总账面价值
	第一层次资产项目占总资产的比例	FV_A1	以公允价值计量的第一层次资产项目除以期末总资产
	第二、第三层次资产项目占总资产的比例	FV_A23	以公允价值计量的第二、第三层次资产项目除以期末总资产

续表

类型	名称	代码	计算方法
解释变量	第一层次负债项占总资产的比例	FV_L1	以公允价值计量的第一层次负债项目除以期末总资产
	第二、第三层次负债项目占总资产的比例	FV_L23	以公允价值计量的第二、第三层次负债项目除以期末总资产
	第一层次资产与负债项目占总资产的比例	FV_AL1	以公允价值计量的第一层次资产与负债项目合计除以期末总资产
	第二、第三层次资产与负债项目占总资产的比例	FV_AL23	以公允价值计量的第二、第三层次资产与负债项目合计除以期末总资产
控制变量	年平均营业利润中的经营现金流	Opcas	（年平均经营活动产生的现金流量净额）/（年平均营业利润）×1000
	是否为国内前14大会计师事务所审计	Big14	是前14大事务所审计为1，否则为0
	内部控制缺陷	Isdef	存在内部控制缺陷取1，否则取0
	股权性质	Equin	按照是否为国有控股分为国有与非国有，国有控股企业为1，否则为0
	资产负债率	Lev	总负债/总资产
	年平均换手率	Tover	根据流通股数计算的年内日平均换手率
	长期股权投资占比	Longt	长期股权投资/所有者权益
	市销率	Psrd	市销率/1000
	市盈率	Perd	市盈率/1000
	前十大股东持股比例	Top10	前十大股东持股数占总股本的比例
	机构投资者持股比例	Totin	机构投资者持股数占总股本的比例
	是否金融行业	Finan	是金融行业为1，否则为0
	年份变量	Year	年份虚拟变量

3.3 实证分析

3.3.1 描述统计与相关分析

（1）描述性统计

对变量进行描述性统计见表 3-2。公允价值计量的第一层次资产占总资产的比例 FV_A1 披露的均值为 0.0350，为公允价值计量的资产、负债占比最大的类型。以公允价值计量的第二、第三层次资产 FV_A23 披露均值为 0.0344，说明样本公司披露出较少的以公允价值计量的第二、第三层次资产。公允价值计量的第一及第二、第三层次负债占比 FV_L1、FV_L23 的均值分别是 0.0022、0.0018，相比公允价值计量的资产各项目数量级上小很多，而且两个指标分别在其 75% 的分位数上还是 0，所以分别将 FV_L1、FV_L23 合并到 FV_A1、FV_A23 中，构建出指标 FV_AL1、FV_AL23 进行后文的分析。年度平均回报率 Ret 的最小值为 −0.0489，四分之一位数为 −0.0129，中位数为正数，说明年度平均个股回报率的值存在正负情况，指代了会计消息上的好消息与坏消息。

表 3-2 描述性统计

Variables	Mean	Sd	P25	P50	P75	Min	Max
CI	0.0244	0.0251	0.0083	0.0165	0.0332	0.0000	0.2658
Ret	0.0099	0.0309	−0.0129	0.0067	0.0301	−0.0489	0.0959
D	0.4138	0.4926	0.0000	0.0000	1.0000	0.0000	1.0000
Mtb	2.2496	1.4894	1.1882	1.8043	2.8450	0.5611	9.4220
FV_A1	0.0350	0.0754	0.0004	0.0054	0.0315	0.0000	0.7318
FV_A23	0.0344	0.0832	0.0000	0.0000	0.0234	0.0000	0.9575
FV_L1	0.0022	0.0165	0.0000	0.0000	0.0000	0.0000	0.3787
FV_L23	0.0018	0.0138	0.0000	0.0000	0.0000	0.0000	0.4371

续表

Variables	Mean	Sd	P25	P50	P75	Min	Max
FV_AL1	0.0373	0.0784	0.0005	0.0061	0.0348	0.0000	0.6950
FV_AL23	0.0360	0.0860	0.0000	0.0000	0.0246	0.0000	0.7762
Opcas	0.0005	0.0565	−0.0004	0.0003	0.0015	−2.0731	1.0855
Big14	0.7230	0.4476	0.0000	1.0000	1.0000	0.0000	1.0000
Isdef	0.5211	0.4997	0.0000	1.0000	1.0000	0.0000	1.0000
Equin	0.6196	0.4856	0.0000	1.0000	1.0000	0.0000	1.0000
Lev	0.5254	0.1994	0.3802	0.5304	0.6728	0.0188	0.9659
Psrd	0.0045	0.0144	0.0009	0.0019	0.0039	0.0001	0.3393
Perd	0.0477	0.0972	0.0131	0.0225	0.0446	0.0021	1.4539
Tover	1.6661	1.4025	0.6945	1.2390	2.2291	0.0418	10.1344
Longt	0.3813	0.2486	0.1688	0.3547	0.5584	0.0003	1.0000
Top10	0.5319	0.1796	0.4133	0.5341	0.6554	0.0012	0.9614
Totin	0.4752	0.2514	0.2886	0.5003	0.6714	0.0000	0.9819
Finan	0.0812	0.2732	0.0000	0.0000	0.0000	0.0000	1.0000

（2）相关性分析

Pearson 相关性检验结果如表 3-3 所示，公允价值计量的第二、第三层次项目占比（*FV_AL23*）与营业利润、年平均回报率都显著正相关。公允价值计量的第一层次项目占比（*FV_AL1*）与年平均回报率显著正相关。各变量之间不存在较强的共线性。Spearman 相关性检验的结果与 Pearson 相关性检验的结果差异不大，其结果略。

表 3-3 相关性分析

	CI	Ret	D	Mtb	FV_AL1	FV_AL23	Opcas	Big14	Isdef	Equin	Lev	Psrd	Perd	Tover	Longt	Top10	Totin	finan
CI	1																	
Ret	0.17**	1																
D	-0.15**	-0.85**	1															
Mtb	0.00	0.32**	-0.23**	1														
FV_AL1	0.03	-0.05*	0.06**	0.06**	1													
FV_AL23	0.06**	0.07**	-0.08**	-0.24**	-0.13**	1												
Opcas	0.02	0.04**	-0.05*	-0.03	-0.13**	0.02	1											
Big14	-0.02	-0.06**	0.07**	0.01	-0.07**	0.03	0.04	1										
Isdef	-0.10**	-0.12**	0.10**	-0.07**	0.04	0.06**	-0.04*	-0.03	1									
Equin	-0.02	-0.09**	0.11**	-0.06**	0.02	-0.20**	0.05*	0.10**	0.06**	1								
Lev	-0.26**	0.02	0.01	-0.29**	-0.16**	0.24**	0.03	0.15**	-0.00	0.00	1							
Psrd	0.06**	0.13**	-0.06**	0.50**	0.20**	0.06**	-0.10**	-0.02	-0.05*	-0.09**	-0.36**	1						
Perd	-0.38**	0.11**	-0.05*	0.57**	0.10**	-0.24**	-0.03	-0.06**	0.01	-0.00	-0.28**	0.38**	1					
Tover	-0.12**	0.34**	-0.25**	0.43**	0.06**	-0.17**	-0.04	-0.05*	-0.06**	-0.06**	-0.09**	0.19**	0.39**	1				
Longt	-0.13**	-0.04	0.02	-0.01	0.03	-0.14**	-0.18**	-0.04	0.04*	-0.07**	-0.12**	-0.06**	0.03	0.03	1			
Top10	0.12**	0.02	-0.02	-0.15**	-0.10**	0.07**	0.05*	0.12**	0.06**	0.18**	0.10**	-0.14**	-0.22**	-0.49**	-0.03	1		
Totin	0.06**	-0.28**	0.21**	-0.25**	-0.05*	0.19**	-0.00	0.03	0.13**	0.05*	0.09**	-0.11**	-0.25**	-0.45**	0.05*	0.44**	1	
finan	-0.07**	-0.04	0.05*	-0.10**	0.17**	0.42**	-0.03	0.06**	0.04	-0.09**	0.33**	0.32**	-0.12**	-0.06**	-0.26**	-0.05*	0.06**	1

注：***、**、* 分别表示在 1%、5% 和 10% 水平上显著。

3.3.2 回归分析与稳健性分析

(1) 回归分析

模型(3-1)的回归结果如表3-4的第二列所示,即CI1所在列。$D \times FV\_AL23 \times Ret$对公司损益($CI$)的系数为1.7772,且是正向显著的,这与预期是一致的。这说明有着更多公允价值计量的第二层次和第三层次项目的公司,会更加及时地报告坏消息而审慎地对待好消息,即这类公司表现出显著的条件稳健性,则H1成立。而$D \times FV\_AL1 \times Ret$的系数为0.1409,且是不显著的,与预期也是一致的。以公允价值计量的第一层次项目易于验证,该项目对公司损益(CI)不存在条件稳健性的影响。

资产负债率对公司损益(CI)有显著的负向影响,说明随着资产负债率(Lev)的提高,企业的偿债成本提高,债务风险加大,一定程度上侵蚀了企业的盈利,当然企业盈利能力的强弱最终取决于企业产品盈利能力的强弱。没有内部控制缺陷($Isdef$)的企业相对于有内部控制缺陷的企业的收益更高。前十大股东持股比例($Top10$)越高,公司损益(CI)越低,一个可能的解释是:股权集中度加剧了大股东对小股东及企业利益的侵害,降低了公司损益(CI)。

(2) 稳健性分析

由于公允价值计量的资产与负债对公司损益(CI)带来的可能收益的方向不同,而且表3-2中的FV_L1、FV_L23在75%分位数上依旧是0,可知公允价值计量的负债项目大多数的取值几乎为0,扣除公允价值计量负债项目的影响,将公允价值计量第一与第二、第三层次资产项目FV_A1、FV_A23分别替换FV_AL1、FV_AL23后,带入模型(3-1),验证H1的成立性。结果见表3-4中的第三列,即CI2所在列。$D \times FV\_A23 \times Ret$的系数为显著的1.9077,这证明了H1依旧成立。

由于公允价值计量的第一层次与第二、第三层次项目之间存在一定的相关性,见表3-3,相关系数是-0.13(在0.01的水平上显著)。所以将FV_AL1从模型(3-1)中剔除,其他变量保留,验证H1的成立性。结果见表3-4的第四列，即 CI3 所在列。$D\times FV\_AL23\times Ret$ 的系数为显著的 1.6919，这证明 H1 依旧成立。

表 3-4 样本总体回归结果

Variables	CI1	CI2	CI3
D	−0.0033	−0.0033	−0.0039
	(0.0031)	(0.0031)	(0.0031)
Ret	0.0047	0.0032	−0.0035
	(0.0525)	(0.0522)	(0.0516)
$D\times Ret$	0.1284	0.1286	0.1300
	(0.1259)	(0.1255)	(0.1236)
Mtb	0.0005	0.0005	0.0005
	(0.0012)	(0.0012)	(0.0012)
$D\times Mtb$	0.0012	0.0012	0.0011
	(0.0011)	(0.0011)	(0.0011)
$Ret\times Mtb$	0.0073	0.0073	0.0065
	(0.0129)	(0.0129)	(0.0129)
$D\times Mtb\times Ret$	0.0271	0.0283	0.0297
	(0.0412)	(0.0414)	(0.0411)
FV_AL1	−0.0017		
	(0.0189)		
$D\times FV\_AL1$	−0.0216		
	(0.0206)		
$Ret\times FV\_AL1$	−0.3168		
	(0.3410)		
$D\times FV\_AL1\times Ret$	0.1409		
	(0.6175)		

续表

Variables	CI1	CI2	CI3
FV_AL23	−0.0111		−0.0088
	(0.0157)		(0.0153)
$Ret \times FV\_AL23$	0.1059		0.1127
	(0.1549)		(0.1535)
$D \times FV\_AL23$	0.0399		0.0379
	(0.0243)		(0.0237)
$D \times FV\_AL23 \times Ret$	1.7772*		1.6919*
	(0.9485)		(0.9430)
FV_A1		0.0042	
		(0.0190)	
$D \times FV\_A1$		−0.0233	
		(0.0219)	
$Ret \times FV\_A1$		−0.3155	
		(0.3528)	
$D \times FV\_A1 \times Ret$		0.1155	
		(0.6600)	
FV_A23		−0.0127	
		(0.0176)	
$D \times FV\_A23$		0.0413	
		(0.0277)	
$Ret \times FV\_A23$		0.1235	
		(0.1734)	
$D \times FV\_A23 \times Ret$		1.9077*	
		(1.0574)	

续表

Variables	CI1	CI2	CI3
$Opcas$	−0.0911	−0.0890	−0.0908
	(0.0794)	(0.0788)	(0.0786)
$Big14$	−0.0012	−0.0012	−0.0011
	(0.0022)	(0.0022)	(0.0022)
$Isdef$	−0.0029**	−0.0029**	−0.0029**
	(0.0015)	(0.0015)	(0.0015)
Lev	−0.0552***	−0.0550***	−0.0542***
	(0.0125)	(0.0126)	(0.0125)
$Top10$	−0.0168***	−0.0168***	−0.0167***
	(0.0058)	(0.0058)	(0.0058)
$Controls$	YES	YES	YES
$Constant$	0.0753***	0.0750***	0.0739***
	(0.0115)	(0.0116)	(0.0113)
$Observations$	2,252	2,252	2,252
$R\text{-}squared$	0.1160	0.1158	0.1147
$ID\ FE$	YES	YES	YES
$year\ FE$	YES	YES	YES

注：括号内是标准误；***、**、*分别表示在1%、5%和10%水平上显著。

3.3.3 进一步分析

鉴于企业所处的不同财务状况，以及在不同的公司治理环境下，公允价值分层计量的信息对企业损益的影响会有所不同。所以，以年平均营业利润中的经营活动现金持有量占比（利润质量维度）、审计质量维度、内部控制质量维度为分组变量，进一步研究在不同情境下的公允价值分层计量的信息对企业损益的条件稳健性的影响。

（1）基于年平均营业利润中的经营活动现金持有量占比分组分析

①理论分析与研究假设

除了上市公司故意违背会计准则的规定，进行财务舞弊之外，即使是在遵循会计准则的前提下，由于不同的会计工作者使用的职业判断不同，对会计准则的把握和会计确认、计量、记录、列报会存在差异，所以会计利润在一定程度上存在可操纵的空间。相对于会计利润，现金（此处指广义的现金，即包括库存现金、银行存款、其他货币资金等）持有量则是实际存在的，比较难被"虚构"。例如，财务人员可通过虚增应收款项，并且伴随着虚增营业收入的方式相应地虚增营业利润，却很难通过此类的"账面游戏"达到增加现金的目的。当企业年平均营业利润中的经营活动现金持有量占比较高时，可说明该利润整体上有较高的可靠性，该类企业也更有"底气"对其以公允价值分层计量的项目进行较为稳健的会计处理，即企业损益中的条件稳健性会较强。综上，本研究提出以下假设。

H2a：当企业年平均营业利润中的经营活动现金持有量占比较高时，若公允价值分层计量的第二、第三层次的项目占比越高，公司损益中的条件稳健性越强。

H2b：当企业年平均营业利润中的经营活动现金持有量占比较低时，若公允价值分层计量的第二、第三层次的项目占比越高，公司损益中的条件稳健性越强。

②回归分析

以年平均营业利润中的经营活动现金持有量占比指标 Opcas 为分组变量，进一步研究在不同情景下的公允价值分层计量对企业损益的条件稳健性影响。分别以 Opcas 基于中位数 P50（0.0003），平均值 Mean（0.0005）作为分组依据，检验 H2a、H2b 在不同分组环境下的成立性，见表 3-5。

表 3-5 中的第二列、第三列是以年平均营业利润中的经营活动现金持有量占比指标（Opcas）的中位数（P50）分组的回归结果，可以看出 $D \times FV\_AL23 \times Ret$ 的系数在 Opcas 的中位数的高组（H_Opcas_P50）中显著，是 2.0656。$D \times FV\_AL23 \times Ret$ 的系数在 Opcas 中位数的低组（L_Opcas_P50）中不显著，是 0.8929。

表 3-5 中的第四列、第五列是以年平均营业利润中的经营活动现金持有量占比指标 Opcas 的均值 Mean 分组的回归结果，可以看出 $D \times FV\_AL23 \times Ret$ 的系数在 Opcas 的平均值的高组（H_Opcas_Mean）中显著，是 2.3900，而其在 Opcas 平

均值的低组（L_Opcas_Mean）不显著，是 0.4847。综上，当企业年平均营业利润中的经营活动现金持有量占比较高时，若公允价值分层计量的第二、第三层次的项目占比越高，则公司损益中的条件稳健性越强，即 H2a 成立，H2b 不成立。主要原因是企业年平均营业利润中的经营活动现金持有量占比较高时，企业有"底气"对未实现损益事项进行会计稳健性处理，即处理坏消息比好消息更及时。

表 3-5 基于年平均营业利润中的经营活动现金持有量占比分组

Variables	H_Opcas_P50	L_Opcas_P50	H_Opcas_Mean	L_Opcas_Mean
D	−0.0021	−0.0005	−0.0061	−0.0022
	(0.0048)	(0.0054)	(0.0047)	(0.0053)
Ret	0.1105	−0.0247	0.0731	−0.0289
	(0.0819)	(0.0979)	(0.0899)	(0.0922)
$D \times Ret$	−0.2521	0.4922**	−0.3363*	0.4568**
	(0.1945)	(0.2038)	(0.1892)	(0.1938)
Mtb	0.0011	−0.0021	0.0006	−0.0012
	(0.0015)	(0.0021)	(0.0015)	(0.0020)
$D \times Mtb$	0.0019	0.0005	0.0034**	0.0007
	(0.0016)	(0.0018)	(0.0017)	(0.0017)
$Ret \times Mtb$	−0.0102	0.0122	0.0093	0.0171
	(0.0197)	(0.0261)	(0.0203)	(0.0233)
$D \times Mtb \times Ret$	0.1513**	−0.0464	0.1621**	−0.0483
	(0.0671)	(0.0553)	(0.0688)	(0.0548)
FV_AL1	−0.0262	−0.0028	−0.0491	0.0065
	(0.0320)	(0.0281)	(0.0385)	(0.0238)
$D \times FV\_AL1$	−0.0019	−0.0183	0.0115	−0.0173
	(0.0470)	(0.0247)	(0.0485)	(0.0245)

续表

Variables	H_Opcas_P50	L_Opcas_P50	H_Opcas_Mean	L_Opcas_Mean
$Ret \times FV\_AL1$	0.0238	0.2179	0.0684	0.0804
	(0.4584)	(0.5903)	(0.5056)	(0.5622)
$D \times FV\_AL1 \times Ret$	0.3058	−0.3923	0.6887	−0.2878
	(1.8070)	(0.7441)	(1.8097)	(0.7094)
FV_AL23	−0.0166	−0.0072	−0.0018	−0.0037
	(0.0293)	(0.0219)	(0.0345)	(0.0203)
$Ret \times FV\_AL23$	−0.0316	0.0107	−0.0456	0.0119
	(0.0636)	(0.0346)	(0.0705)	(0.0338)
$D \times FV\_AL23$	−0.7217	0.0446	−1.0990	0.0473
	(0.9377)	(0.1851)	(1.1068)	(0.1853)
$D \times FV\_AL23 \times Ret$	2.0656*	0.8929	2.3900*	0.4847
	(1.2381)	(1.5267)	(1.3306)	(1.3601)
Controls	YES	YES	YES	YES
Constant	0.0446***	0.0532***	0.0452***	0.0511***
	(0.0127)	(0.0123)	(0.0138)	(0.0114)
Observations	1,117	1,135	1,010	1,242
R-squared	0.1321	0.1034	0.1420	0.0950
ID FE	YES	YES	YES	YES
Year FE	YES	YES	YES	YES

注：括号内是标准误；***、**、* 分别表示在1%、5%和10%水平上显著。

（2）基于审计质量分组的对比分析

①理论分析与研究假设

Defond 等（2015）发现独立第三方的审计师对稳健的客户会收取较低的审计费用，并且会减少对公司是否可以持续经营的担忧，与公司的合作也更为长久，这些都表明审计师重视客户是否采纳条件稳健性。高质量的审计师基于自身声誉和可能面临的诉讼问题，更有可能要求稳健性（Basu 等，2001；Chung 等，2003）。优质的审计往往会对被审计公司进行更严格的外部监督，在这种情况下，被审计公司会提供更可靠的信息，包括对公允价值计量的第二、第三层次项目进行条件稳健性的处理以稳妥地应对外部审计。除了公司直接对公允价值计量的第二、第三层次项目进行条件稳健性的处理之外，公司聘用高质量的审计师是投资者等外部报表使用者对公司会计信息稳健性需求的一种间接的满足机制，可以缓解投资者等外部报表使用者对不可证实信息的担忧。综上，本研究提出如下假设。

H3a：当审计质量较高时，公允价值分层计量的第二、第三层次的项目占比越高，则公司损益中的条件稳健性越强。

H3b：当审计质量较低时，公允价值分层计量的第二、第三层次的项目占比越高，则公司损益中的条件稳健性越强。

②回归分析

中国注册会计师协会每年都发布《国内会计师事务所（综合评价）100 强名单》，根据这份名单，选取 2010—2019 年内排名前 14 的会计师事务所为样本公司提供的审计服务作为审计质量高的代理变量。不在这份名单内的会计师事务所为样本公司提供的审计服务，则作为低审计质量组。以审计质量指标（$Big14$）为分组变量，进一步研究在不同情境下的公允价值分层计量对企业损益的条件稳健性的影响，检验 H3a、H3b 在不同分组环境下的成立性，见表 3-6。

表 3-6 中的第二列、第三列是以审计质量指标（$Big14$）为分组变量的回归结果，可以看出 $D \times FV\_AL23 \times Ret$ 的系数在 $Big14$ 的高组显著，是 1.7589。$D \times FV\_AL23 \times Ret$ 的系数在 $Big14$ 的低组不显著，是 0.4964。综上，可知审计质量较高时，若公允价值分层计量的第二、第三层次的项目占比越高，公司损益中的条件稳健性越强，即 H3a 成立，H3b 不成立。主要原因是当上市公司被优质的第三方会计师事务所审计时，上市公司的审计质量较高，上市公司为了自身声誉、持续经营、减轻投资者等外部报表使用者对公允价值计量的第二、第三层次项目的疑虑等目标，在编制财务报表与披露财务报告时都秉持更加谨慎的态度，财务报表和财务报告也都更符合条件稳健性的需求。

表 3-6 审计质量分组下回归结果

Variables	Big14	Non_Big14
D	−0.0010	−0.0164
	(0.0033)	(0.0108)
Ret	0.0175	−0.1192
	(0.0525)	(0.1731)
$D \times Ret$	0.0953	0.2146
	(0.1370)	(0.3762)
Mtb	0.0015	−0.0027
	(0.0012)	(0.0047)
$D \times Mtb$	(0.0134)	(0.0440)
	0.0006	0.0034
$Ret \times Mtb$	−0.0018	0.0507
	(0.0013)	(0.0034)
$D \times Mtb \times Ret$	0.0485	0.0005
	(0.0459)	(0.0959)
FV_AL1	−0.0325	0.0456
	(0.0258)	(0.0308)
$D \times FV\_AL1$	−0.0433*	0.0161
	(0.0256)	(0.0315)
$Ret \times FV\_AL1$	−0.1629	−0.3386
	(0.4399)	(0.5675)
$D \times FV\_AL1 \times Ret$	−1.3975**	1.6823**
	(0.6741)	(0.8454)
FV_AL23	−0.0247	−0.0089
	(0.0163)	(0.0373)

续表

Variables	Big14	Non_Big14
D×FV_AL23	0.0525*	0.0319
	(0.0268)	(0.0556)
Ret×FV_AL23	0.2545*	0.2087
	(0.1522)	(1.0072)
D×FV_AL23×Ret	1.7589*	0.4964
	(0.9909)	(2.4206)
Controls	YES	YES
Observations	1,626	626
R-squared	0.1153	0.1609
ID FE	YES	YES
Year FE	YES	YES

注：括号内是标准误；***、**、* 分别表示在 1%、5% 和 10% 水平上显著。

（3）基于是否有内部控制缺陷分组的对比分析

①理论分析与研究假设

企业的内部控制对企业财务报告信息的质量影响重大。内部控制有效从内容上分类，又可分为财务报告的内部控制有效和非财务报告的内部控制有效。无论是从信息的收集、整理还是从信息的报告及披露，无论是财务信息还是非财务信息，内部控制都贯穿企业信息流动的整个过程。在内部控制较为有效的企业，特别是有关财务报告的内部控制有效的企业，内部控制制度设计较为完备，相关制度的执行较为严格，企业面对会计自由裁量权较大的以公允价值计量的第二、第三层次有关项目的估价与信息披露时，更可能倾向于谨慎性处理，即在对待以公允价值计量的第二、第三层次有关项目带来的未实现的损益时，更会进行条件稳健性的会计处理。因此，本研究提出以下假设：

H4a：当企业不存在内部控制缺陷时，公允价值分层计量的第二、第三层次的项目占比越高，则公司损益中的条件稳健性越强。

H4b：当企业存在内部控制缺陷时，公允价值分层计量的第二、第三层次的项目占比越高，则公司损益中的条件稳健性越强。

②回归分析

根据样本公司是否存在内部控制缺陷 $Isdef$（数据来自 CSMAR 数据库）这一指标进行分组，进一步检验 H4a、H4b 在不同分组环境下的成立性，见表 3-7。

表 3-7 中的第二列、第三列是以是否存在内部控制缺陷为分组变量的回归结果。$D \times FV\_AL23 \times Ret$ 的系数在不存在内部控制缺陷组（Non_Deficy 所在列）显著，是 4.0340。$D \times FV\_AL23 \times Ret$ 的系数在存在内部控制缺陷组（Deficy 所在列）不显著，是 0.3682。说明当一家企业的内部控制存在缺陷时，公允价值计量第二层次和第三层次项目的占比对损益中的条件稳健性影响不显著。当一家企业的内部控制不存在缺陷时，公允价值计量第二层次和第三层次项目的占比越高，损益中的条件稳健性越强。当企业的内部控制较为有效时，该企业对财务信息披露的准确性及严谨性会更加重视，所以针对会计自由裁量权较高的以公允价值计量第二层次和第三层次项目的有关信息更倾向于谨慎披露，损益中的条件稳健性会更强，即 H4a 成立，H4b 不成立。

表 3-7　内部控制缺陷与否的分组结果

Variables	Non_Deficy	Deficy
D	−0.0073	−0.0039
	(0.0058)	(0.0041)
Ret	0.0105	0.0773
	(0.0864)	(0.0811)
$D \times Ret$	0.0066	−0.0344
	(0.2557)	(0.1548)
Mtb	0.0010	−0.0020
	(0.0023)	(0.0014)
$D \times Mtb$	0.0018	0.0018
	(0.0025)	(0.0014)

续表

Variables	Non_Deficy	Deficy
Ret×Mtb	−0.0008	−0.0002
	(0.0208)	(0.0213)
D×Mtb×Ret	0.1174	0.0602
	(0.0882)	(0.0546)
FV_AL1	−0.0118	−0.0263
	(0.0299)	(0.0251)
D×FV_AL1	0.0174	0.0212
	(0.0433)	(0.0265)
Ret×FV_AL1	−0.0842	0.5784
	(0.5684)	(0.4170)
D×FV_AL1×Ret	0.8991	−0.0703
	(1.0170)	(0.7634)
FV_AL23	−0.0260	0.0075
	(0.0340)	(0.0228)
D×FV_AL23	0.0836**	−0.0001
	(0.0418)	(0.0231)
Ret×FV_AL23	0.3734**	−0.1796
	(0.1827)	(0.4523)
D×FV_AL23×Ret	4.0340**	0.3682
	(1.8113)	(0.8744)
Controls	YES	YES
Observations	1,078	1,174
R-squared	0.1234	0.1158
ID FE	YES	YES
Year FE	YES	YES

注：括号内是标准误；***、**、* 分别表示在1%、5%和10%水平上显著。

3.4 小结

与公允价值计量的第一层次项目相比,第二、第三层次项目存在更多的可操纵性,这为管理层的机会主义提供了一定的条件。为了缓解投资者等外部报表使用者对企业报告的公允价值计量的第二、第三层次项目的"疑虑",条件稳健性的会计处理方式成为企业报表编制者的便捷与低成本(相对于通过付费请第三方机构对公允价值计量的第二、第三层次项目进行评估以增强该类项目的信用)的选择。

在繁荣与新兴的资本市场——中国的沪市A股与深市A股主板市场,选取2010年至2019年2,252家上市公司作为样本,基于条件稳健性的视角,分析公允价值分层计量对企业损益的影响。鉴于企业所处的不同财务状况、不同的公司治理环境下,公允价值分层计量的信息对企业损益的影响有所不同。所以,以年平均营业利润中的经营活动现金持有量占比(利润质量维度)、审计质量维度、内部控制质量维度为分组变量,进一步研究在不同情境下的公允价值分层计量的信息对企业损益的条件稳健性影响的异质性。研究发现:第一,公允价值分层计量中的第二、第三层次的项目占比越高,损益中的条件稳健性越强;第二,当企业年平均营业利润中的经营活动现金持有量占比较高时,公允价值分层计量的第二、第三层次的项目占比越高,则公司损益中的条件稳健性越强;第三,当审计质量较高,或者企业不存在内部控制缺陷时,公允价值分层计量的第二、第三层次的项目占比越高,则公司损益中的条件稳健性越强。

第 4 章
公允价值分层计量对权益资本（股权融资）成本的影响研究

4.1 引言

4.1.1 研究背景

公允价值计量是会计计量属性中继历史成本计量之后的一个"新宠儿"，引起学术界和实务界的高度关注，随之涌现大量关于公允价值的研究成果。对企业会计信息进行计量的主要目的之一就是将所有相关会计要素进行定量化，便于及时呈现给会计信息的使用者，如何进行会计计量是选择计量属性的问题。回溯过往，历史成本计量一直是会计计量领域的"龙头老大"，其他计量属性使用较少。造成历史成本计量"垄断"格局的原因有两点：第一，传统经济中交易价格趋于稳定，足以充分满足企业和信息使用者对会计信息的需求，历史成本计量的缺点没有暴露，以致历史成本计量的不足被忽视；第二，历史成本计量是将交易时点所有相关的交易信息如实记录于原始凭证上，追查有据，信息更客观，具有可靠性，满足委托人对会计信息准确性和会计信息质量的要求。随着我国资本市场的蓬勃发展，金融工具及各种衍生工具如雨后春笋般涌现，市场交易价格起伏变大，而历史成本计量在交易发生时进行初始确认后不再变化，无法及时反映市场信息，历史成本计量的不足日益凸显，则公允价值受到大家的追捧。Barth（1994）、刘永泽和孙翯（2011）对比了以公允价值计量的信息和以历史成本计量的信息，得出前者更具有可预测企业市场价值的经验证据。但新事物的发展永远不是一帆风顺的，公允价值的相关性和可靠性一直饱受争议，是学者开展研究的问题所在，几经波折，公允价值最终在五大会计计量属性中立稳根基，关于公允价值的研究方向也由是否引入公允价值转变为如何正确应用公允价值和如何提高其向大众披露的信息质量。2006年我国财政部正式发布新的《企业会计准则》，重新确定引入公允价值这一计量属性，此时，美国财务会计准则委员会（FASB）对公允价值的理论研究比我国熟练很多，发布《财务会计准则公告第157号——公允价值计量》（SFAS 157），重新定义公允价值的基本概念，还创新性地提出公允价值的分层披露理论，成为世界上第一份较为具体地、专业地规范公允价值计量的正式文件。所以，从2007年开始，我国财政部要求上市公司在相应的资产或负债项目中应用公允价值，同时鼓励它们借鉴国外先进的经验分层披露公允价值信息。起初分层披露信息的上市公司比较少，主要是金融业的公司。2011年，国际会计准则理事会（IASB）正式发布了《国际财务报告准则第13号——公允价值计量》（IFRS 13），也提出了公允价值分层计量理论。其与SFAS 157的主要区别之处在于，IFRS 13强制要求披露非活跃资本市场上公允价值在估值计算过程中的相关信息。2014年，我国校改并借鉴IFRS 13发布了《企业会计准则第39号——公允价值计量》（CAS 39），对公允价值的相关信息披露方式和要求作了规定，由鼓励信息分层披露转变为强制信息分层披露，进一步规范我国上市公司的财务报告信息披露要求，此举标志着我国公允价值计量标准体系的初步建立和形成。2018年，我国进一步修改发布《企业会计准则》的三份文件（第22、23和24号文件），主要是对金融业务领域公允价值的计量和信息披露的要求进一步规范，如金融资产转移等。

  融资活动好比注入企业的新鲜血液，是企业正常经营运转的起点，与经营活动、投资活动共同组成企业的三大基本财务活动。陈文和王飞（2013）、倪中新等（2015）指出，由于我国市场环境和制度环境的独特性，我国上市公司解决财务困境的方式有违于传统有序融资理论，证据表明：相比于选择债务进行融资，我国上市公司更倾向于选择以股权的方式进行融资。对融资活动较为重要的一个评价指标是权益资本成本。从微观角度看，权益资本成本这一指标代表有一定资金需求的一方通过股权融资的方式满足了其资金需求后所付出的努力和代价，与企业的股权融资决策密切相关；从宏观角度看，公司的权益资本成本是其所处的整个市场对其未来价值做出的评价。因此，研究权益资本成本影响因素的重要性就不言而喻了。其中，会计信息披露质量对权益资本成本的影响研究就是一个热点话题。当企业开诚布公地向公众发布自己的财务信息时，企业才会赢得更多投资者的信任，投资者才会更乐意把自己的财力注入企业。

内部控制制度的建立可以有效地规范和监督企业会计信息的确认、计量、报告和披露等一系列过程，提高会计信息的质量和可靠性，从而大大增加信息使用者对会计信息的重视程度和依赖程度。2008年我国正式发布《企业内部控制基本规范》，2010年财政部组织出台《企业内部控制配套指引》，标志着指导我国企业建立内部控制制度的管理体系基本建成，该制度体系引导我国许多上市企业在日常经营和管理中设计和运行一套行之有效的内部控制制度。由于我国21世纪初才开始重视内部控制理论，发展得还不太成熟，常出现制度流于形式的现象，内部控制理论有待完善。因此，内部控制制度在企业内部管理应用中设计的有效性和运行的有效性都有待检验。

公允价值层次理论引发利益相关者思考：该理论是否有助于信息使用者进行决策。所以，本研究首先主要探讨按照公允价值分层理论披露的公允价值分层计量项目对权益资本成本的影响，以明确公允价值分层计量的项目信息是否能够有效帮助企业日常运营和投资，成为企业的一个重要决策依据；其次，保持其他条件不变化，研究内部控制质量是否可以显著增强企业按照公允价值分层理论披露的公允价值项目的信息对权益资本成本的影响效应；最后，根据样本企业的审计质量和所属产权性质的不同，分别对其进行分样本组检验，深入研究在特定的审计质量和特定的产权性质下公允价值分层计量项目对权益资本成本的影响。

4.1.2 研究意义

自2007年开始，公允价值计量属性在我国得到广泛推广，但由于委托代理、信息风险等问题，其可靠性受到质疑。目前，少有学者探讨它是否影响企业开展投融资活动的决策，更没有学者研究内部控制质量是否影响公允价值分层计量项目与权益资本成本的关系。深入探讨上述问题，对准则的制定者、企业管理者和企业信息的使用者，甚至监管机构的人员都有一定的启示意义。因此，本研究具有深入探讨的价值。

（1）理论意义

一方面，丰富了公允价值相关领域的理论研究。虽然单独研究公允价值、内部控制和权益资本成本的成果已经非常多了，但是把它们放在一起研究的寥寥无几。国外 Huang 等（2016）和 Dignah 等（2016）探讨过公允价值对权益资本成本的影响，但得出的结论尚未达成一致；国内尚无学者从资产负债表的角度研究公允价值对权益资本成本的影响，通过文献搜索，目前只有苏明（2015）从利润表的角度研究了公允价值变动收益对权益资本成本的影响。此次研究目的是丰富这一研究领域；从股权投资者这一新的研究视角，探讨公允价值分层计量信息在投资者进行股权投资时传递的信号是决策有用的还是可靠性不足的，突破以往公允价值有关文献直接研究公允价值信息的价值相关性或可靠性问题的范畴。这不仅是对现有研究成果的补充，还为以后的研究指明了新方向。

另一方面，丰富了对权益资本成本的影响因素的研究。以往探索和研究权益资本成本的大量文献，可以分为两类：一类是度量模型的优劣分析和适用性分析；另一类是研究其受哪些因素影响。现有文献研究的影响因素有考虑公司自身因素、财务特征、治理结构、环境因素、制度因素等，虽然有大量关于信息披露质量与权益资本成本的关系的研究成果，但是少有具体到某一特定会计项目信息对权益资本成本的影响研究。引入内部控制质量与公允价值的交乘项，从内部控制视角研究公允价值分层计量项目对权益资本成本的影响，将这三者联系起来，综合分析影响权益资本成本的内在机理，丰富了对公允价值信息决策有用性的研究。

（2）实践意义

首先，为帮助企业的信息使用者如潜在股东，正确理解并应用公允价值层次信息提供参考依据。通过公允价值整体上及不同层次对权益资本成本的影响研究，检验公允价值分层理论的经济效果，发现公允价值层次信息不同程度地帮助投资者做出投资决策。

其次，为企业管理者拓宽融资渠道、降低融资成本提供建议。投资者基于公允价值信息所进行的经济行为，启示企业管理层要合理、适度地应用公允价值，规范公允价值计量和披露，并提高公允价值信息披露质量，从而缓解企业融资困境，优化融资决策。

再次，为会计准则制定者继续完善公允价值计量和披露体系提供参考依据。此次研究检验出公允价值计量准则的实施初步达到财政部的初衷——为信息使用者提供更多的增量信息。公允价值的研究有利于准则制定者评估准则实施效果，从而进一步完善相关准则。

最后，揭示内部控制质量对公允价值分层计量信息和权益资本成本两者关系的影响，有助于发现企业内部控制体系在公允价值计量和披露环节是否运行有效，凸显企业内部控制的重要性，对进一步加强企业的内部控制体系有一定的指导意义。

总而言之，我国财政部 2014 年发布的 CAS 39，其理论内容与 IFRS 13 趋同，但没有考虑我国资本市场的自身规律和特征，也没有充分提供公允价值估值和披露的具体应用的实操方法和指南。因此，研究公允价值分层计量这一具体会计准则的经济后果具有非凡的意义。

4.2 研究设计

4.2.1 研究假设

（1）公允价值分层计量项目整体上对权益资本成本的影响

随着金融行业的迅猛发展和金融产品的不断创新，以历史成本计量的财务数据已经不能满足投资者对企业未来发展前景的预判。历史成本只能传递过去的交易信息，无法适应不断变化的环境，投资者需要掌握更为及时的和未来的市场信息。公允价值能够提供目前和未来的市场信息，这些信息有一定的参考性，但Hodder等（2006）指出，公允价值在解释股价风险时比历史成本更具信息价值。公允价值会计是为投资者提供决策相关的信息，降低投资者基于过时信息做出错误决策的风险，如基于以历史成本计量的信息。所以，在这一点上，公允价值比历史成本更具优势。

查阅资料发现西方许多国家已经开始采用 IFRS，该准则的采用达到了降低权益资本成本的效果（Li，2010）。预期公允价值分层计量准则也存在这样的经济效果。公允价值分层计量项目的披露至少从两个方面影响了权益资本成本。第一，公允价值相关信息是重要参考因素，公允价值分层计量对公允价值有增加披露的作用。对照只披露总额，公允价值分层披露要求公司根据公允价值项目计量的可靠程度，按三个层次分层披露各个层次的金额，由此为信息使用者提供更多的决策依据。公允价值层次是根据输入值来源的可靠程度划分的，这种分层计量方式增强会计信息的透明程度，提升会计信息的可靠性。信息披露在信息不对称中起着关键作用，管理者可根据披露的信息调整管理策略，也可根据此信息配置资源，提升公司的治理水平，降低权益资本成本；投资者也可根据披露信息合理选择投资。第二，公允价值分层披露增强信息的可比性。公允价值分层披露不仅统一公司之间关于公允价值的披露要求，而且规范公允价值估值技术的应用，使得公允价值的估值更加制度化、体系化。信息的一致性、可比性降低投资者在获取公允价值信息方面的成本，有利于减少决策风险，节约权益资本成本。公允价值有助于投资者了解金融机构存在的风险，有助于降低金融危机发生的可能性。一些研究还探讨会计计量对经理人行为的影响，通过披露资产的公允价值，股东的注意力被引向公司管理者手中持有的资产的价值，管理者被要求保护股东权益，并为他们的财产负责。Burkhart和Strausz（2009）发现公允价值减少了委托代理冲突，提高了企业的管理效率。另外，决策有用的计量观认为，会计应该以公允价值计量进行披露信息，它是确保可靠性的合理选择，能够帮助投资者准确预测目标公司的价值。上述这些公允价值的优势有助于降低投资者面临的投资风险，进而降低他们对企业索要的最低投资回报。

基于上述分析，提出如下假设。

H1：公允价值分层计量项目整体上与权益资本成本负相关。

(2) 公允价值分层计量项目对权益资本成本的影响

Barth（1994）、Lins 等人（2011）及 Christensen 和 Nikolaev（2013）等批评公允价值会计引入了更多的波动，产生了信息不对称和风险问题。许多银行经理担心投资者会被公允价值信息误导，因为基于投资证券公允价值的收益数据最大的特点就是不稳定性，它能够对银行业务做出及时反馈，尤其是对潜在经济波动性的反映极为灵敏；还将导致投资者做出低效的资本配置决策，从而提高银行的权益资本成本。此外，投资失策还有可能源自财务报表的内在波动，而其内在波动又与公允价值计量密切相关。Vera 和 Renato（2012）的研究表明，由于投资者预期公允价值数字存在较高的信息风险、固有的估计误差和可能的报告偏差，所以投资者认为这些数据不那么可信、不那么可靠。由于公允价值各层次存在不同程度的信息不对称和信息风险，计划按公允价值层次，即分情况来讨论这个问题，并把第二层次和第三层次合并，原因如下：第一，它们都带有一定的主观性而且携带信息风险，就第二层次和第三层次公允价值衡量出的企业负债和资产，在可靠性上，第二层次公允价值更为突出，但第二层次公允价值所使用的输入值可能是从类似证券或评估模型中推断出来，因此仍然涉及一些主观判断；第二，目前持有这两个层次的公允价值项目的上市公司还是比较少的，它们更多的是持有第一层次的公允价值项目。

目前有关公允价值计量的准则包括美国的 SFAS 157（2006）、国际的 IFRS 13（2011）和我国的 CAS 39（2014），虽然它们的发布时间跨度比较大，但足以说明经过长期实践证明，公允价值的分层理论值得采纳，以致它们对公允价值分层规则达成了一致意见。详细分层情况如下：第一层次公允价值信息来源于市场相同项目的报价，无须调整就能以其作为确定基础使用，无管理层的主观判断，直接可观察，并且可对此进行验证，在可靠性上显然它最高；第二层次和第一层次似是而非，主要区别在于确定基础可能来自相似项目而非相同项目的报价,因此有间接可观察、间接可验证的特点,所以适当调整后才能作为第二层次公允价值的最终确定依据,客观性和可靠性显然低于第一层次的公允价值;第三层次的确定前提是直接、间接可观察报价无法取得,此时利用假设和参数值进行模型估计得到第三层次公允价值,主观性最强,不确定性最大,可操纵空间最大。再者,管理层经常面临奖金、职位晋升的诱惑和业绩压力,难免让投资者对第三层次公允价值的可靠性产生怀疑。在缺乏流动性的市场中,如果交易是由管理者主导的,那么管理者就有可能影响报价,因为他们能够操纵公允价值估计。特别是当采用"按模型计价"的会计方法来模拟市场价格时,管理者可以影响模型的选择和参数估计。然而,如果有流动的市场价格,公允价值会计降低自私的经理通过行使他们的自由裁量权和自由选择资产出售的时间来实现损益的概率,从而提高财务报表的披露质量。

信息不对称有导致权益资本成本上升的风险。具有较低确定性的会计准则规范需要管理层的经验判断和主观选择,披露更多公允价值信息的优势可能因为管理层的参与而不那么明显,甚至带来负面影响。目前会计准则正在逐渐转变,原则导向型的会计准则或许会被公司利用,如不当利用准则的弹性空间也会使信息更加不对称,导致决策风险,相应地增加权益资本成本。已有文献表明第二、第三层次公允价值具有较高的流动性风险(Lev 和 Zhou,2009)、较高的信息不对称(Liao 等,2013)、较低的价值相关性(Song 等,2010)和较高的 β 系数(Riedl 和 Serafeim,2011)。这些研究成果表明,在公允价值层次中,第二、第三层次公允价值较容易出现问题,导致信息风险,而信息风险是影响资产定价的一个潜在因素。如此,公允价值计量构成了一种形式的信息风险,并且长期受计量偏差影响。会计信息与权益资本成本关系密切,会影响投资者对未来盈余分布的认知,进而改变权益资本成本。因此保证会计信息质量至关重要,若传递的会计信息不准确,自然会使权益资本成本提高。

基于上述分析,提出如下假设。

H2a:第一层次公允价值项目与权益资本成本负相关。

H2b:第二、第三层次公允价值项目与权益资本成本正相关。

（3）内部控制质量的调节作用

建立健全企业的内部控制制度能够有效缓解企业面临的各种风险，帮助企业实现企业目标。内部控制缺陷与哪些因素相关一直都是学术界的难题之一，对其研究近期已经有所突破，比如资本成本、融资约束、会计信息质量等，它们之间都有着紧密的联系。事实证明，高质量的会计信息一定程度上帮助投资者判断盈余波动是管理层行使了自由裁量权还是正常的业绩波动，也就是说，信息不对称问题得以缓解，融资成本得以降低。内部控制质量的高低能说明公司日常管理的规章制度设计得是否合理、运行得是否有效。在一个较为健全的内部控制环境下做出的经营决策和投资决策容易获得投资者的信赖，而对公司内部控制较弱的公司，与公允价值相关的信息不对称问题可能更突出，从而导致更严重的道德风险问题，降低公允价值披露信息的价值相关性。

所有权和经营权二者未处于统一状态时，就会带来一系列不良后果，例如管理层会因私利损害他人权益，股东会因为不透明的信息而要求高回报，最终增加公司的融资成本；具有决策有用性的会计信息是解决信息不对称的途径之一，内部控制制度可以促使会计信息变得更具决策有用性。根据委托代理理论，高质量的内部控制能够限制管理者侵占公司资产、虚报营业利润等机会主义行为，影响管理者的决策。一个公司未来发展的方向，发展的好坏，很大程度上取决于管理者的决策，所以建立高质量的内部控制制度的重要性就不言而喻了。根据信号传递理论，内部控制自评报告的内容是投资决策的方向标，若其展现了部分缺陷，那么投资者会再次审视其经营问题，对其不会抱有那么高的预期；要想获得较低的融资成本，请专业机构鉴定，发布内部控制鉴证报告是一个有效的方法。

王守海等（2014）针对审计师如何审计非活跃市场上的公允价值提出了操作性指导，他们指出审计师应首先审计与管理层估计公允价值相关的内部控制，对其设计的有效性进行评价并识别重大错报风险。可见，内部控制制度很重要，而与管理层估计公允价值相关的内部控制制度会影响公允价值信息披露的质量，从而影响公允价值分层计量项目与权益资本成本之间的关系。

基于上述分析，提出如下假设。

H3a：高质量的内部控制能够增强公允价值分层计量项目整体上对权益资本成本的负向影响。

H3b：高质量的内部控制能够增强第一层次公允价值项目对权益资本成本的负向影响。

H3c：高质量的内部控制能够削弱第二、第三层次公允价值项目与权益资本成本的正向影响。

4.2.2 样本选择与数据来源

自 Wind 数据库下载了我国全部 A 股公司代码，但只摘取沪市 A 股、深市主板 A 股的代码，从巨潮资讯网下载相应公司 2010—2018 年的年报，手动收集年报中披露的持续以公允价值计量的资产和持续以公允价值计量的负债的三个层次的金额和合计金额，初步删除未披露公允价值分层计量信息的样本。早在 2007 年我国就已经鼓励上市公司在年报中分层披露公允价值信息，但是此次样本没有将 2007 年、2008 年和 2009 年纳入范围的原因有两点：第一，这些年份间分层披露公允价值信息的样本极少；第二，为了较为干净地剔除国际金融危机的影响，未考虑 2008 年及其前后各一年的样本。另外，有些公司年报既提供了整个集团的公允价值数据，也提供了母公司自身的公允价值数据，此次研究只用到了母公司自身的公允价值数据。所以，其他相应的财务指标也都是母公司的数据。在确定研究主题后，通过查阅有关权益资本成本的文献，掌握权益资本成本的多种计算模型和影响因素；综合考虑各种模型的优势和劣势后，选取 PEG 模型计算本次研究的被解释变量——权益资本成本，因此下载 PEG 模型中的有关变量的数据；将对权益资本成本产生关键影响的因素设置为控制变量，以期得到一个较为纯净的公允价值分层计量信息如何影响权益资本成本的研究结果。

在获得披露公允价值分层计量信息的样本后，对样本的后续筛选步骤如下：首先，由于权益资本成本本身存在取值范围的限制，在计算权益资本成本数值后，剔除取值范围不在（0，1）之间的样本；其次，剔除标识为"ST""*ST""PT"等非正常交易状态的样本；最后，剔除存在缺失值的样本，最终得到的样本量为 1,998。另外,用 Stata 15.1 对所有的连续变量进行上下 1% 的缩尾处理。除了分析师关注度和"四大"审计数据来自 CSMAR 数据库、公允价值数据来自手动收集和内部控制变量采用"迪博内部控制指数"以外,其他财务指标数据均来自 Wind 数据库。

对全样本的年份分布情况进行统计分析,见图 4-1。图 4-1 展示了全样本在 2010—2018 年的分布情况,可以看出,2010—2018 年每年的样本量分别是 41 个、53 个、61 个、70 个、321 个、336 个、414 个、379 个和 323 个。样本量在 2014 年猛增,比较符合实际情况,因为 2014 年我国发布了 CAS 39,开始强制要求分层披露公允价值。2014 年往后的样本数量基本维持稳定。另外,图 4-1 中的虚线代表在全样本中每年分层披露公允价值的样本的增长趋势,虚线稳步上升,表明越来越多的企业开始应用公允价值分层计量,公允价值分层理论在我国得到了广泛的应用。

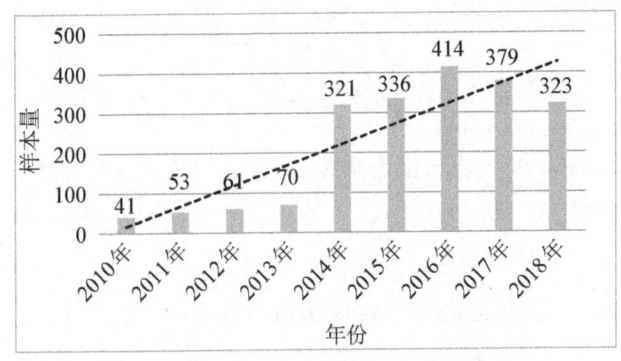

图 4-1　全样本年份分布

4.2.3　变量定义

（1）被解释变量

被解释变量为权益资本成本（R_PEG）。从事前、事后两个角度看,权益资本成本分为事前权益资本成本和事后权益资本成本。事前权益资本成本是指利用股票价格、短期和长期盈余预测数据估计隐含的股权资本成本,其计算模型主要有 PEG 模型、OJN 模型和 GLS 模型；事后权益资本成本是指通过已经实现了的股票回报测算投资收益。披露的公允价值分层计量信息将其包含的信息价值传递到资本市场，影响股票的流动性，从而影响企业的权益资本成本，而 PEG 模型的主要数据之一是分析师预测的每股盈余，该指标可以很好地反映预期风险，同时股价也能一定程度上反映股票流动性，所以选择 PEG 模型比较贴合本次研究。另外，毛新述等（2012）归纳总结了权益资本成本度量模型的优劣点，并检验了何种模型更适合分析中国资本市场上的公司权益资本成本情况，检验结果支持事前权益资本成本的测量优度要高于事后权益资本成本的观点，同时在事前权益资本成本的几个模型中，GLS 模型测量的结果令人大失所望，而 PEG 模型和 MPEG 模型表现更为突出，具有较为全面捕捉风险的优良特性。因此，在测量权益资本成本上，PEG 模型具有得天独厚的优势。结合上述分析，并考虑到 PEG 模型操作容易、不受股利政策的约束等特点，此次研究通过 PEG 模型测量上市公司的权益资本成本，具体的计算过程见公式（4-1）：

$$R\_PEG_t = \sqrt{\frac{EPS_{t+2} - EPS_{t+1}}{P_t}} \quad (4\text{-}1)$$

公式（4-1）中，R_PEG_t 代表根据 PEG 模型计算的第 t 年年末公司的权益资本成本；P_t 是第 t 年年末的股票收盘价；EPS_{t+1} 是各个分析师在第 t 年年末对公司未来第一年的每股收益进行预测的平均值；EPS_{t+2} 是各个分析师在第 t 年年末对公司未来第二年的每股收益进行预测的平均值。

（2）解释变量

验证第一个假设，解释变量是公允价值分层计量项目的整体相对规模（FV123）。借鉴王守海等（2017）和杨书怀（2018）的做法，按照对应的层次合并公允价值资产和公允价值负债，用合并后的公允价值资产和负债三个层次的总额除以公司期末总资产来表示 FV123，即公允价值分层计量项目的整体相对规模。FV123 数值越大，表明公司持有的公允价值资产和公允价值负债总量越多。

验证第二个假设，解释变量是第一层次公允价值项目的相对规模（FV1）和第二、第三层次公允价值项目的相对规模（FV23）。对 FV1 和 FV23 进行计算，

其过程类似 *FV123*，*FV1* 等于第一层次公允价值资产和负债的合计金额占公司期末总资产的比例，*FV23* 等于第二、第三层次公允价值资产和负债的合计金额占公司期末总资产的比例。第二、第三层次公允价值资产和负债放在一起研究的原因有两点：第一，第一层次公允价值项目是直接可验证的，第二层次公允价值项目是间接可验证的，第三层次公允价值项目是不可验证的，因此，第二、第三层次公允价值项目的可靠性都偏低；第二，由于披露第三层次公允价值的样本数量极少，存在许多零值，所以把第二、第三层次公允价值项目金额合并起来考虑。

（3）调节变量

调节变量是内部控制质量（*IC*）。目前对内部控制质量的衡量，我国学者主要采取以下几种方法：依据公司年度内是否发生违规、当年财务报表是否重述、被发表非标审计意见与否设置虚拟变量，作为内部控制质量的衡量指标（方红星和张志平，2012）；依据内部控制缺陷的严重程度构建衡量内部控制质量指标（顾奋玲和解角羊，2018）；直接使用厦门大学研究内部控制的课题组提供的指数（周中胜等，2017）；直接使用 DIB 内部控制指数（耿云江和王丽琼，2019）。本研究借鉴耿云江和王丽琼（2019）的做法，内部控制质量 *IC* 是以迪博内部控制指数缩小一千倍后的数值为基础的，统计全样本中该数值的中位数并作为样本的划分标准，视该数值高于中位数企业的内部控制质量较好，*IC* 赋值 1；否则，*IC* 赋值 0，视其内部控制质量较差。

（4）控制变量

从现有文献可以看出，影响权益资本成本的因素比较广泛。参考陈峻等（2015）、李祎等（2016）、冯来强等（2017）和代昀昊等（2018）学者的研究，选取财务杠杆 *Lev*、公司规模 *Size*、系统性风险 *Beta*、股权制衡度 *HI*、总资产净利率 *Roa*、账面市值比 *B_M*、换手率 *Turnover*、波动率 *STD_Ret*、股票回报率 *Ret*、分析师关注度 *Analyst*、是否"亏损" *Loss*、"四大"审计 *Big4* 和产权性质 *Soe* 作为控制变量。有关它们的定义详见表 4-1。

表 4-1 变量定义表

类型	名称	符号	定义
被解释变量	权益资本成本	R_PEG	按 PEG 模型计算的权益资本成本
解释变量	公允价值分层计量项目的整体相对规模	FV123	以公允价值计量的项目金额合计数/期末总资产
	第一层次公允价值项目的相对规模	FV1	以第一层次公允价值计量的项目金额总和/期末总资产
	第二、第三层次公允价值项目的相对规模	FV23	以第二、第三层次公允价值计量的项目金额总和/期末总资产
调节变量	内部控制质量	IC	虚拟变量,迪博内部控制指数/1000,若大于其中位数,$IC=1$;否则,$IC=0$
控制变量	财务杠杆	Lev	资产负债率 = 期末总负债/期末总资产
	公司规模	Size	期末总资产的自然对数
	系统性风险	Beta	当年股票的贝塔值
	股权制衡度	HI	第一大股东持股比例与第二大股东持股比例的比值/100
	总资产净利率	Roa	净利润/平均资产总额
	账面市值比	B_M	权益的账面价值/权益市值
	换手率	Turnover	当年股票的平均换手率
	波动率	STD_Ret	当年股票周平均收益率的标准差
	股票回报率	Ret	当年股票的年平均收益率
	分析师关注度	Analyst	LN(1+当年公司被追踪分析的分析师数量)
	是否"亏损"	Loss	虚拟变量,如果公司当年发生亏损,取值 1;否则,取值 0
	"四大"审计	Big4	虚拟变量,如果当年审计该公司的会计师事务所是国际"四大",取值 1;否则,取值 0
	产权性质	Soe	虚拟变量,当公司属于国有企业时,取值 1;否则,取值 0
	年份变量	Year	年份虚拟变量

下面是关于各个控制变量的详细描述。

财务杠杆（Lev）。财务杠杆 Lev 的大小指代公司偿债能力的强弱，计算公式是公司期末总负债除以期末总资产，又称公司的资产负债率。Lev 较大，表示公司现在的财务风险较大，投资者面临的投资不确定性就高，进而要求的投资回报就越高，所以预期 Lev 的回归系数为正。数据来源于 Wind 数据库。

公司规模（Size）。公司规模 Size 等于 LN（公司期末总资产）。按照常理，大规模公司拥有较完善的内部控制制度和较良好的治理机制，其年报所披露的信息更加准确、真实、全面，投资者比较放心，因此投资者对大公司的期望回报率就低；但从另一个角度看，大公司的经营范围广、管理范围宽、公司环境复杂，易出现部门沟通不畅、内部监管不力的现象，管理层容易受到利益的诱惑行使自由裁量权，进而造成财务舞弊，投资者据此索要较高的投资回报。因此，预期 Size 的回归系数的符号不能确定。数据来源于 Wind 数据库。

系统性风险（Beta）。Beta 是指在特定股票市场中的某一只股票的股价相对于整个股票市场的波动情况，考虑到样本均是来自沪深两市的 A 股上市公司，所以此次参考对象选取沪深 300 指数更为合理。β 系数值越大，该只股票携带的市场风险就越大，而这一类风险又具有不可分散的特点，所以预期 Beta 的回归系数为正。数据来源于 Wind 数据库。

股权制衡度（HI）。HI 等于第一大股东持股比例除以第二大股东持股比例后再除以 100。该指标暗示大股东胁迫或联合管理层进行盈余管理的可能性。第一大股东持有的公司股票数量越多，那么其借此获取内部信息的优势和手中权力的便利预谋侵害中小股东权益的可能性就越大，所以预期 HI 的回归系数为正。数据来源于 Wind 数据库。

总资产净利率（Roa）。Roa 的大小指代公司盈利能力的高低，它等于公司净利润除以平均总资产，表示公司凭借每持有一单位资产所能创造的利润大小。Roa 的值越大，表明公司的资产运营越有效率，能够赚取足够的盈余来抵御经营过程中遇到的风险，所以预期 Roa 的回归系数为负。数据来源于 Wind 数据库。

账面市值比（B_M）。B_M是股东权益的账面价值与公司总市值的比值。该指标大的话，说明资本市场预测公司未来前景比较惨淡，不予看好，企业面临着市值被低估的风险。所以预期B_M的回归系数为正。数据来源于Wind数据库。

换手率（Turnover）。Turnover指代公司股票的流动性大小，该值越大，意味着该只股票的流动性越好，进行交易的成本就越低，所以预期Turnover的回归系数为负。数据来源于Wind数据库。

波动率（STD_Ret）。STD_Ret是根据一年内的股票回报率的标准差进行计算的，此次研究是以一年内股票的周收益率为基础计算的标准差，不采用日收益率和月收益率的原因：一是担心日收益率计算周期太短，本身就不够准确；二是月收益率的数量偏少，用来计算标准差的话，担心计算结果太粗略。该指标越大，表明股票收益率越不稳定，投资者面临的风险将会增加，所以预期STD_Ret的回归系数为正。数据来源于Wind数据库。

股票回报率（Ret）。Ret代表投资者对公司股票进行投资后所获得的收益的大小。该指标越大，投资者可能获得的收益越大，投资者便会倾向于投资该股票，所以预期Ret的回归系数为负。数据来源于Wind数据库。

分析师关注度（Analyst）。Analyst指代公司受关注的程度，计算过程是LN（1＋追踪该公司进行分析的分析师人数）。该指标某种程度上代表公司的外部监督的强弱，公司被关注得越多，表明被外部监管得越严；另外，分析师向公众传达的信息越多，公司的信息就越发透明化，所以预期Analyst的回归系数为负。数据来源于CSMAR数据库。

是否"亏损"（Loss）。Loss是一个0—1虚拟变量，如果公司当年未盈利，那么Loss赋值1；否则，Loss赋值0。如果公司当年发生亏损，就会给投资者留下负面印象，所以预期Loss的回归系数为正。数据来源于Wind数据库。

"四大"审计（Big4）。Big4是一个0—1虚拟变量，如果该公司是由国际四大会计师事务所之一审计的，那么Big4赋值1；否则，Big4赋值0。因为国际"四大"所占的市场份额较大且声誉较好，审计质量比较高，在投资者心目中有着较高的形象，从心理学角度看，投资者会偏好于由"四大"审计后的会计信息，所以预期 Big4 的回归系数为负。数据来源于 CSMAR 数据库。

产权性质（Soe）。Soe 是一个 0—1 虚拟变量，当企业是地方国有企业或中央国有企业时，Soe 赋值 1；否则，Soe 赋值 0。国有企业有政府这一隐形保护伞，即使经济形势不好，投资者对国有企业的投资相对放心，所以预期 Soe 的回归系数为负。数据来源于 Wind 数据库。

4.2.4 模型构建

为了验证公允价值分层计量项目的整体相对规模对权益资本成本的影响，即验证 H1，建立如下模型（4-2）。

$$\begin{aligned} R\_PEG_{it} = & \alpha_0 + \alpha_1 FV123_{it} + \alpha_2 Lev_{it} + \alpha_3 Size_{it} + \alpha_4 Beta_{it} + \alpha_5 HI_{it} + \alpha_6 Roa_{it} \\ & + \alpha_7 B\_M_{it} + \alpha_8 Turnover_{it} + \alpha_9 STD\_Ret_{it} + \alpha_{10} Ret_{it} + \alpha_{11} Analyst_{it} \\ & + \alpha_{12} Loss_{it} + \alpha_{13} Big4_{it} + \alpha_{14} Soe_{it} + \sum \alpha_j Year + \varepsilon_{it} \end{aligned} \quad (4\text{-}2)$$

根据推导 H1 的理论分析，预期 $FV123$ 的回归系数 α_1 为负。

为了分别验证第一层次公允价值项目的相对规模，以及第二、第三层次公允价值项目的相对规模对权益资本成本的影响，即验证 H2a 和 H2b，建立如下模型（4-3）。

$$\begin{aligned} R\_PEG_{it} = & \beta_0 + \beta_1 FV1_{it} + \beta_2 FV23_{it} + \beta_3 Lev_{it} + \beta_4 Size_{it} + \beta_5 Beta_{it} + \beta_6 HI_{it} \\ & + \beta_7 Roa_{it} + \beta_8 B\_M_{it} + \beta_9 Turnover_{it} + \beta_{10} STD\_Ret_{it} + \beta_{11} Ret_{it} \\ & + \beta_{12} Analyst_{it} + \beta_{13} Loss_{it} + \beta_{14} Big4_{it} + \beta_{15} Soe_{it} + \sum \beta_j Year + \varepsilon_{it} \end{aligned} \quad (4\text{-}3)$$

根据推导 H2a 和 H2b 的理论分析，预期 $FV1$ 的回归系数 β_1 为负，$FV23$ 的回归系数 β_2 为正。

统计出全样本中 IC 的中位数并作为样本的划分标准，视 IC 高于中位数企业的内部控制质量较好，IC 赋值 1；否则，IC 赋值 0，视其内部控制质量较差。为了验证内部控制质量对公允价值分层计量项目整体上及其各层次项目分别与权益资本成本的关系的影响，即验证 H3a、H3b 和 H3c，建立如下模型（4-4）和模型（4-5）。

$$R\_PEG_{it} = \mu_0 + \mu_1 FV123_{it} + \mu_2 IC_{it} + \mu_3 IC_{it} \times FV123_{it} + \mu_4 Lev_{it} + \mu_5 Size_{it} + \mu_6 Beta_{it}$$
$$+ \mu_7 HI_{it} + \mu_8 Roa_{it} + \mu_9 B\_M_{it} + \mu_{10} Turnover_{it} + \mu_{11} STD\_Ret_{it}$$
$$+ \mu_{12} Ret_{it} + \mu_{13} Analyst_{it} + \mu_{14} Loss_{it} + \mu_{15} Big4_{it} + \mu_{16} Soe_{it} + \sum \mu_j Year + \varepsilon_{it}$$
(4-4)

$$R\_PEG_{it} = \lambda_0 + \lambda_1 FV1_{it} + \lambda_2 FV23_{it} + \lambda_3 IC_{it} + \lambda_4 IC_{it} \times FV1_{it} + \lambda_5 IC_{it} \times FV23_{it} + \lambda_6 Lev_{it}$$
$$+ \lambda_7 Size_{it} + \lambda_8 Beta_{it} + \lambda_9 HI_{it} + \lambda_{10} Roa_{it} + \lambda_{11} B\_M_{it} + \lambda_{12} Turnover_{it}$$
$$+ \lambda_{13} STD\_Ret_{it} + \lambda_{14} Ret_{it} + \lambda_{15} Analyst_{it} + \lambda_{16} Loss_{it} + \lambda_{17} Big4_{it} + \lambda_{18} Soe_{it}$$
$$+ \sum \lambda_j Year + \varepsilon_{it}$$
(4-5)

根据推导 H3a、H3b 和 H3c 的理论分析，预期 $IC \times FV123$ 的回归系数 μ_3 为负，$IC \times FV1$ 的回归系数 λ_4 为负，$IC \times FV23$ 的回归系数 λ_5 为负。四个模型中的 α、β、μ 和 λ 均为解释变量、控制变量的系数，ε 为随机干扰项。

4.3 实证分析

对所有变量的数值进行前期分析后，运用固定效应模型进行实证检验，并解释回归结果。同时，从审计质量和产权性质视角，对公允价值分层计量项目整体上与权益资本成本的关系进行深入探讨。最后，做了变量替换、分层单独回归及样本自选择处理的稳健性检验。

4.3.1 描述性统计分析

运用 Stata 15.1 软件对权益资本成本、公允价值分层计量项目的整体相对规模、第一层次公允价值项目的相对规模，以及第二、第三层次公允价值项目的相对规模等变量进行描述性统计分析，以便掌握所有变量的数值范围、平均情况和离散程度，统计分析的结果见表 4-2。权益资本成本 R_PEG 最小值是 0.0328，最大值是 0.209，平均值是 0.103，标准差只有 0.0358，样本数据波动非常小。总体上，此次样本企业的权益资本成本都比较小，说明投资者对样本企业的认可度较高。

第 4 章
公允价值分层计量对权益资本（股权融资）成本的影响研究

表 4-2　全样本的描述性统计分析

Variables	N	Min	Max	Mean	P50	SD
R_PEG	1,998	0.0328	0.209	0.103	0.0989	0.0358
FV123	1,998	0	1.612	0.111	0.0279	0.23
FV1	1,998	0	0.864	0.0552	0.0076	0.124
FV23	1,998	0	1.165	0.0527	0	0.14
IC	1,998	0	1	0.5	1	0.5
Size	1,998	20.44	30.13	23.67	23.33	1.86
Lev	1,998	0.108	0.944	0.562	0.572	0.206
Beta	1,998	−0.134	2.019	0.949	0.951	0.433
HI	1,998	0.01	1.038	0.099	0.0381	0.158
Roa	1,998	−0.0133	0.181	0.0442	0.0337	0.0379
B_M	1,998	0.0636	4.708	0.656	0.483	0.66
Turnover	1,998	0.079	7.234	1.654	1.233	1.41
STD_Ret	1,998	0.139	0.977	0.406	0.368	0.176
Ret	1,998	−0.457	3.95	0.308	0.0477	0.741
Analyst	1,998	0.693	3.97	2.325	2.398	0.86
Loss	1,998	0	1	0.011	0	0.104
Big4	1,998	0	1	0.308	0	0.462
Soe	1,998	0	1	0.599	1	0.49

公允价值分层计量项目的整体相对规模 *FV123* 的最小值为 0，最大值为 1.612，平均值是 0.111。*FV123* 最小值为 0 并不表示该样本未披露公允价值金额，只是披露金额太小，以至于结果精确到小数点后四位仍是 0；*FV123* 最大值是 1.612，超过了 1，这是由于样本公司持有大量的以公允价值计量的项目，以致公允价值资产和公允价值负债的总金额超过了总资产；平均而言，样本公司持有的公允价值资产和负债的总金额约占总资产的 11.1%。第一层次公允价值项目的相对规模 *FV1* 的平均值是 0.0552，第二、第三层次公允价值项目的相对规模 *FV23* 的平均

值是 0.0527，所以平均来看，样本公司持有第一层次公允价值项目的总金额占公司期末总资产的 5.52%，持有第二、第三层次公允价值项目的总金额占公司期末总资产的 5.27%。可见，样本公司对第二、第三层次公允价值项目的合计持有量才抵得上对第一层次公允价值项目的持有量。

内部控制质量 *IC* 是二值虚拟变量，平均值是 0.5，表明样本公司的内部控制质量好与差的企业大约各占总样本的 1/2，这是按照样本企业的迪博内部控制指数的中位数划分而导致的。公司规模 *Size* 的平均值是 23.67，标准差是 1.86，可见样本企业的规模相差悬殊，说明此次研究在样本选择上具有代表性，兼顾大小不同规模的企业，保证研究结果具有普遍意义；财务杠杆 *Lev* 的平均值是 0.562，说明企业的平均资产负债率较高；系统性风险 *Beta* 的平均值是 0.949，表明样本企业所处市场环境存在一定的不可分散风险；股权制衡度 *HI* 的平均值是 0.099，可见第一大股东持有股票的数量接近第二大股东的 10 倍；总资产净利率 *Roa* 的平均值是 0.0442；账面市值比 *B_M* 的平均值是 0.656，中位数是 0.483，意味着样本中超过 50% 的企业的账面市值比在均值之下；平均换手率 *Turnover* 的平均值是 1.654，标准差是 1.41，表明样本企业的股票在市场中的受欢迎度差异较大；波动率 *STD_Ret* 的平均值是 0.406；股票回报率 *Ret* 的平均值是 0.308，最大值是 3.95，最小值是 –0.457，差异比较大；分析师关注度 *Analyst* 的平均值是 2.325；是否"亏损" *Loss* 的平均值是 0.011，表明样本中发生亏损的企业约占全样本的 1.1%；"四大"审计 *Big4* 的平均值是 0.308，表明样本公司中约三成的样本公司的年度财务报表是经过国际四大会计师事务所审计的；产权性质 *Soe* 的平均值是 0.599，样本中采用公允价值分层计量的国有企业略多于非国有企业。

4.3.2 相关性分析

为检验变量之间不存在多重共线性和变量相互之间的相关关系，做了 Pearson 相关性分析。*FV123* 与其余变量两两间的 Pearson 相关系数见表 4-3。凭

表 4-3 FV123 与其他变量间的相关性分析表

Variables	R_PEG	FV123	IC	Lev	Size	Beta	HI	Roa	B_M	Turnover	STD_Ret	Ret	Analyst	Loss	Big4	Soe
R_PEG	1															
FV123	-0.073***	1														
IC	0.082***	-0.041*	1													
Lev	0.326***	0.212***	0.097***	1												
Size	0.270***	0.137***	0.187***	0.628***	1											
Beta	-0.067***	0.060***	0.095***	0.061***	0.059***	1										
HI	-0.054**	-0.077***	0.007	-0.097***	-0.156***	-0.041*	1									
Roa	-0.108***	-0.120***	0.195***	-0.545***	-0.282***	-0.053**	0.022	1								
B_M	0.159***	0.054***	0.067***	0.227***	0.468***	-0.088***	-0.035	-0.154***	1							
Turnover	-0.187***	-0.023	-0.105***	-0.158***	-0.391***	0.134***	0.006	-0.008	-0.281***	1						
STD_Ret	-0.184***	-0.041*	-0.015	-0.091***	-0.316***	0.385***	0.038*	-0.024	-0.276***	0.669***	1					
Ret	-0.207***	-0.011	0.038*	-0.024	-0.120***	0.032	0.027	0.068***	-0.069***	0.393***	0.541***	1				
Analyst	0.259***	0.036	0.246***	0.212***	0.488***	0.032	-0.152***	0.209***	0.166***	-0.257***	-0.214***	-0.046**	1			
Loss	0.080***	0.014	-0.036	0.040*	-0.007	-0.035	0.01	-0.084***	0.008	-0.02	-0.004	-0.026	-0.037*	1		
Big4	0.103***	0.084***	0.215***	0.291***	0.557***	0.036	-0.086***	-0.074***	0.275***	-0.306***	-0.201***	-0.072***	0.381***	0.002	1	
Soe	-0.069***	-0.089***	0.077***	0.007	0.067***	0.058***	0.183***	-0.082***	0.131***	-0.125***	-0.063***	-0.090***	-0.093***	-0.002	0.092***	1

注：***、**、* 分别表示在 1%、5% 和 10% 水平上显著。

借相关系数的大小和符号，一来粗略判断两个变量间的关系，二来可以发现变量之间是否会因相关度过高造成模型出现多重共线性的问题。从表 4-3 中可以看出，*FV123* 与 *R_PEG* 的相关系数为 –0.073，符号与预期一致，并且在 1% 的置信水平上显著；*IC* 与 *R_PEG* 的相关系数是 0.082，在 1% 的置信水平上显著，符号与预期的刚好相反，初步说明我国企业的内部控制制度尚待完善。表 4-3 中的最大值为 0.628，多重共线性的问题较轻。

由于回归时验证了第一层次公允价值项目的相对规模及第二、第三层次公允价值项目的相对规模对权益资本成本的影响，出于严谨考虑，同时列出第一层次公允价值项目的相对规模及第二、第三层次公允价值项目的相对规模与其他各个变量之间的 Pearson 相关系数，见表 4-4。

表 4-4 *FV1*、*FV23* 与其他变量间的相关性分析表

Variables	R_PEG	FV1	FV23	IC	Lev	Size
FV1	–0.051**	1	0.462***	–0.014	0.076***	0.001
FV23	0.044**	0.462***	1	–0.038*	0.277***	0.226***
Variables	Beta	HI	Roa	B_M	Turnover	STD_Ret
FV1	0.056**	–0.031	–0.052**	0.006	0.02	–0.009
FV23	0.066***	–0.096***	–0.144***	0.084***	–0.056**	–0.068***
Variables	Ret	Analyst	Loss	Big4	Soe	
FV1	0.002	–0.004	–0.019	–0.012	–0.002	
FV23	–0.028	0.087***	0.014	0.149***	–0.157***	

注：***、**、* 分别表示在 1%、5% 和 10% 水平上显著。

由表 4-4 可知，*FV1* 和 *FV23* 与 *R_PEG* 的相关系数分别是 –0.051 和 0.044，它们的系数不仅符号达到了预期，而且均在 5% 的置信水平上显著。

另外，单独对模型（4-2）至模型（4-5）中的变量做了方差膨胀因子分析，结果显示所有的 VIF 远小于 10，多重共线性的问题较轻。

4.3.3 回归分析

此次研究是以沪市 A 股、深市主板 A 股上市公司 2010 年至 2018 年的样本数据为研究对象，总计 1,998 个样本，基于研究假设和搭建的模型，运用固定效应检验对最终样本执行实证分析的步骤。其中得出的模型（4-2）和模型（4-3）的回归结果见表 4-5。为验证 H1，对全样本参照模型（4-2）进行检验，由此得到的回归结果详见表 4-5 的第二列和第五列。

表 4-5 模型（4-2）和模型（4-3）的回归结果

Variables	模型（4-2） H1 R_PEG	模型（4-3） H2a 和 2b R_PEG	Variables	模型（4-2） H1 R_PEG	模型（4-3） H2a 和 2b R_PEG
FV123	−0.0162*** (−2.8298)		Turnover	−0.0041*** (−4.0243)	−0.0041*** (−3.9467)
FV1		−0.0396** (−2.4746)	STD_Ret	0.0200*** (2.7624)	0.0197*** (2.7282)
FV23		−0.0180* (−1.8206)	Ret	−0.0095*** (−8.5713)	−0.0096*** (−8.5540)
Lev	0.0421*** (3.2928)	0.0416*** (3.2338)	Analyst	0.0101*** (5.7231)	0.0100*** (5.7044)
Size	−0.0003 (−0.1111)	−0.0006 (−0.2108)	Loss	0.0251*** (3.6042)	0.0247*** (3.5696)
Beta	−0.0050*** (−2.5840)	−0.0053*** (−2.6943)	Big4	−0.0102** (−2.3852)	−0.0098** (−2.2844)
HI	0.0098 (1.0497)	0.0098 (1.0479)	Soe	0.0160* (1.6544)	0.0151 (1.5676)
Roa	−0.0136 (−0.3193)	−0.0142 (−0.3344)	Constant	0.0632 (0.9172)	0.0727 (1.0312)

续表

Variables	模型（4-2）	模型（4-3）	Variables	模型（4-2）	模型（4-3）
	H1	H2a 和 2b		H1	H2a 和 2b
	R_PEG	R_PEG		R_PEG	R_PEG
B_M	0.0024**	0.0023**	Observations	1,998	1,998
	(2.1960)	(2.1261)	R-squared	0.1481	0.1497

注：括号内是标准误；***、**、* 分别表示在1%、5%和10%水平上显著。

从表4-5中可以看出，模型（4-2）的解释变量 FV123 与被解释变量权益资本成本 R_PEG 的回归系数为 –0.0162，符号与预期的一致，并且在1%的置信水平上与 R_PEG 显著负相关，这就验证了H1，即公允价值分层计量项目整体上与权益资本成本负相关，公允价值分层计量项目的信息披露抑制了权益资本成本。

为验证H2a和H2b，对全样本参照模型（4-3）进行检验，由此得出的回归结果见表4-5的第三列和第六列。

表4-5显示模型（4-3）中的 FV1 与 R_PEG 的回归系数为 –0.0396，符号与预期的一致，并且在5%的置信水平上与 R_PEG 显著负相关，完美地验证了H2a，即第一层次公允价值项目与权益资本成本负相关，第一层次公允价值项目的信息披露抑制了权益资本成本；FV23 与 R_PEG 的回归系数为 –0.0180，并在10%的置信水平上与 R_PEG 显著负相关，符号与预期的相反，H2b未得到验证，即没有得到证据支持第二、第三层次公允价值项目与权益资本成本正相关。从表4-5中可以看出，不论是第一层次公允价值项目，还是第二、第三层次公允价值项目，它们向投资者传递了性质相同的信号，但在可靠性方面，第一层次公允价值项目无疑高于第二、第三层次公允价值项目，所以第一层次公允价值项目对权益资本成本的负向影响大于第二、第三层次公允价值项目，也就是说，相对而言，投资者更为信赖第一层次公允价值项目。

为了验证H3a，对全样本参照模型（4-4）进行检验，由此得到的回归结果见表4-6。

表4-6 模型（4-4）的回归结果

Variables	模型（4-4) H3a R_PEG	Variables	模型（4-4) H3a R_PEG
FV123	−0.0130**	Turnover	−0.0041***
	(−2.3212)		(−4.0349)
IC	0.0022	STD_Ret	0.0203***
	(1.1040)		(2.8092)
IC×FV123	−0.0097**	Ret	−0.0095***
	(−2.0893)		(−8.5108)
Lev	0.0401***	Analyst	0.0101***
	(3.0964)		(5.7656)
Size	−0.0002	Loss	0.0251***
	(−0.0520)		(3.5729)
Beta	−0.0052***	Big4	−0.0103**
	(−2.6614)		(−2.4052)
HI	0.0099	Soe	0.0156
	(1.0688)		(1.6260)
Roa	−0.0211	Constant	0.0597
	(−0.4764)		(0.8674)
B_M	0.0025**	Observations	1,998
	(2.3071)	R-squared	0.1497

注：括号内是标准误；***、**、* 分别表示在1%、5%和10%水平上显著。

从表4-6中可以看出，交乘项 IC×FV123 的回归系数为 −0.0097，符号与预期的无出入，在5%的置信水平上与 R_PEG 显著负相关，极其完美地验证了H3a，即高质量的内部控制能够增强公允价值分层计量项目整体上对权益资本成本的负向影响。由此说明高质量内部控制和整体上的公允价值分层计量项目两者的共同作用能够更加有效地抑制权益资本成本，高质量内部控制能够促进公允价值分层计量项目发挥作用，进一步抑制权益资本成本。但是单看内部控制质量 IC 与权益资本成本 R_PEG 之间并无直接联系，可见我国内部控制制度还不够完善，尚未对降低股权融资成本发挥作用。

为了验证 H3b 和 H3c，对全样本参照模型（4-5）进行检验，由此得到的回归结果见表 4-7。

表 4-7　模型（4-5）的回归结果

Variables	模型（4-5） H3b 和 H3c R_PEG	Variables	模型（4-5） H3b 和 H3c R_PEG
FV1	−0.0293*	B_M	0.0024**
	(−1.7455)		(2.2335)
FV23	−0.0187*	Turnover	−0.0041***
	(−1.8751)		(−3.9911)
IC	0.0023	STD_Ret	0.0200***
	(1.1502)		(2.7616)
IC×FV1	−0.0251**	Ret	−0.0096***
	(−2.0059)		(−8.5268)
IC×FV23	0.0043	Analyst	0.0100***
	(0.4274)		(5.6571)
Lev	0.0402***	Loss	0.0249***
	(3.0613)		(3.5666)
Size	−0.0003	Big4	−0.0099**
	(−0.1177)		(−2.3182)
Beta	−0.0054***	Soe	0.0147
	(−2.7863)		(1.5173)

续表

Variables	模型（4-5） H3b 和 H3c R_PEG	Variables	模型（4-5） H3b 和 H3c R_PEG
HI	0.0101 (1.0771)	Constant	0.0666 (0.9456)
Roa	−0.0202 (−0.4598)	Observations R-squared	1,998 0.1523

注：括号内是标准误；***、**、* 分别表示在 1%、5% 和 10% 水平上显著。

从表 4-7 可以看出，交乘项 $IC \times FV1$ 的回归系数是 −0.0251，与预期的符号一致，在 5% 的置信水平上与 R_PEG 显著负相关，完美验证 H3b，即高质量的内部控制能够增强第一层次公允价值项目对权益资本成本的负向影响。由此说明高质量的内部控制和第一层次公允价值项目两者共同作用更加有效地抑制权益资本成本，高质量内部控制充分发挥第一层次公允价值项目的作用，进一步抑制权益资本成本；而交乘项 $IC \times FV23$ 的回归系数为 0.0043，且不显著，说明高质量的内部控制对第二、第三层次公允价值项目与权益资本成本的关系无影响，即 H3c 未得到验证，意味着我国企业的内部控制制度尚未对规范第二、第三层次公允价值信息和提高它们的信息披露质量产生影响。另外，内部控制质量 IC 与权益资本成本 R_PEG 之间依然没有直接联系。

四个模型中关于控制变量系数的符号大多数与预期的一致，并与权益资本成本有显著关系，但有几个例外。在预期公司规模与权益资本成本的关系时，根据理论分析，它们两者的回归系数无法判断符号，回归分析结果显示，公司规模 Size 与权益资本成本 R_PEG 的系数在四个模型中均是负数，但是不显著，表明此次样本中公司规模对权益资本成本的影响微乎其微。在四个模型中系统性风险 Beta 与 R_PEG 均是显著的负相关关系，与预期的相反，可能的解释是资本市场上的投资者更多的是激进型的投资者，毕竟高风险会有高收益。分析师关注度 Analyst 与 R_PEG 的关系在四个模型中均是显著正相关，与预期的不同，可能是因为以公允价值计量的项目整体上增加了分析师的预测难度,从而导致分析师盈余预测的准确性打了折扣、离散度上升。产权性质 Soe 与 R_PEG 的回归系数在四个模型中均为正数,未达到预期,代昀昊(2018)的研究成果可以解释这一现象,他认为相较于非国有企业,国有企业没有较多的外部激励使它去争取较低的权益资本成本,所以 Soe 的回归系数为正数是可以理解的。

4.3.4 稳健性检验

为了证明本研究的结论不是出于偶然,进行了如下三个角度的检验。

(1) 替换被解释变量

用 PEG 单一模型计算权益资本成本可能存在估计偏差,为了增加结果的稳健性,将由 PEG 模型计算的被解释变量 R_PEG 全部替换成由 OJN 模型计算的被解释变量 R_OJN。OJN 模型的优点在于它能较好地反映风险溢价,兼并考虑短期的以及长期的利润增长率。另外,它只需要学者提供未来 1 年的预测每股股利,一定程度上减少误差(Gode 和 Mohanram,2003)。关于 OJN 模型的详细介绍如公式(4-6)所示。

$$R\_OJN = A + \sqrt{A^2 + \frac{EPS_{t+1}[g-(\gamma-1)]}{P_t}} \quad (4\text{-}6)$$

$$\text{其中,} A = \frac{1}{2}(\gamma - 1 + \frac{DPS_{t+1}}{P_t})$$

$$g = \frac{EPS_{t+2} - EPS_{t+1}}{EPS_{t+1}}$$

$$\gamma - 1 = g_P$$

g_P 意味着每股净利润长期增长率,对于它的取值,学者通常有两种做法:一是使得 $g_P = r_f - 3\%$,r_f 是无风险利率,用 10 年期国债利率代替(Gode 和 Mohanram,2003;Botosan 和 Plumlee,2005);二是 g_P 直接取值为 5%(王亮亮,2013;佟孟华等,2020;花冯涛,2021)。本研究采取第二种做法。

DPS_{t+1} 为公司在第 t 年年末预测未来第一年的每股股利。

$DPS_{t+1} = EPS_{t+1} \cdot \delta$，$\delta$ 为公司过去三年的平均股利支付率。

其他变量的解释如下。

P_t 是第 t 年年末的股票收盘价。

EPS_{t+1} 是各个分析师在第 t 年年末对公司未来第一年的每股收益进行预测的平均值。

EPS_{t+2} 是各个分析师在第 t 年年末对公司未来第二年的每股收益进行预测的平均值。

在原来全样本范围内重新计算的 R_OJN 均在合理范围（0，1）之间，所以在稳健性检验中，保持了原有样本数量不变。计算出 R_OJN 后，分别按照模型（4-2）、模型（4-3）、模型（4-4）和模型（4-5）重复回归，回归结果分别见表 4-8、表 4-9、表 4-10 和表 4-11。

表 4-8　OJN 模型计算的模型（4-2）和（4-3）的回归结果

Variables	模型（4-2） H1 R_OJN	模型（4-3） H2a 和 2b R_OJN	Variables	模型（4-2） H1 R_OJN	模型（4-3） H2a 和 2b R_OJN
FV123	−0.0186*** (−3.3128)		Turnover	−0.0048*** (−4.2362)	−0.0047*** (−4.1653)
FV1		−0.0372** (−2.0677)	STD_Ret	0.0228*** (2.8967)	0.0225*** (2.8581)
FV23		−0.0193* (−1.7712)	Ret	−0.0091*** (−7.8560)	−0.0092*** (−7.8553)
Lev	0.0507*** (3.6182)	0.0504*** (3.5729)	Analyst	0.0109*** (5.3469)	0.0109*** (5.3412)
Size	0.0005 (0.1564)	0.0002 (0.0700)	Loss	0.0303*** (3.9744)	0.0297*** (3.8987)

续表

Variables	模型（4-2） H1 R_OJN	模型（4-3） H2a 和 2b R_OJN	Variables	模型（4-2） H1 R_OJN	模型（4-3） H2a 和 2b R_OJN
Beta	−0.0054** (−2.5172)	−0.0055*** (−2.5932)	*Big4*	−0.0104** (−2.1693)	−0.0101** (−2.0960)
HI	0.0071 (0.7091)	0.0071 (0.7103)	*Soe*	0.0167* (1.6913)	0.016 (1.6234)
Roa	−0.0503 (−1.0275)	−0.0506 (−1.0352)	*Constant*	0.0641 (0.8474)	0.0723 (0.9323)
B_M	0.0017 (1.3441)	0.0016 (1.2719)	*Observations* *R-squared*	1,998 0.1347	1,998 0.1351

注：括号内是标准误；***、**、* 分别表示在 1%、5% 和 10% 水平上显著。

从表 4-8 可知，模型（4-2）中，*FV123* 与 *R_OJN* 的系数为 −0.0186，在 1% 的置信水平上与 *R_OJN* 显著负相关，说明公允价值分层计量项目整体上能够降低权益资本成本，再次验证了 H1；模型（4-3）中，*FV1* 与 *R_OJN* 的系数为 −0.0372，在 5% 的置信水平上与 *R_OJN* 显著负相关，*FV23* 与 *R_OJN* 的系数为 −0.0193，在 10% 的置信水平上与 *R_OJN* 显著负相关，表明第一层次公允价值项目和第二、第三层次公允价值项目对权益资本成本均能起到抑制作用，但是第二、第三层次公允价值项目对权益资本成本的抑制能力比不上第一层次公允价值项目。所以，H2a 同样得到验证，而 H2b 依旧未得到验证。

表 4-9 OJN 模型计算的模型（4-4）的回归结果

Variables	模型（4-4） H3a R_OJN	Variables	模型（4-4） H3a R_OJN
FV123	−0.0152*** (−2.6538)	*Turnover*	−0.0048*** (−4.2434)

续表

Variables	模型（4-4） H3a R_OJN	Variables	模型（4-4） H3a R_OJN
IC	0.0029	STD_Ret	0.0232***
	（1.2725）		（2.9386）
IC×FV123	−0.0102*	Ret	−0.0091***
	（−1.8500）		（−7.7910）
Lev	0.0482***	Analyst	0.0109***
	（3.3983）		（5.3811）
Size	0.0007	Loss	0.0303***
	（0.2289）		（3.9381）
Beta	−0.0056***	Big4	−0.0106**
	（−2.6088）		（−2.2031）
HI	0.0072	Soe	0.0163*
	（0.7250）		（1.6743）
Roa	−0.0604	Constant	0.0596
	（−1.1914）		（0.7900）
B_M	0.0019	Observations	1,998
	（1.4547）	R-squared	0.1364

注：括号内是标准误；***、**、*分别表示在1%、5%和10%水平上显著。

从表4-9可知，交乘项$IC \times FV123$的回归系数是−0.0102，且在10%的置信水平上与R_OJN显著负相关，表明高质量的内部控制有利于增强公允价值分层计量项目整体上对权益资本成本的抑制效应，高质量的内部控制能够进一步促进公允价值分层计量项目发挥降低权益资本成本的作用，再次验证H3a。

表 4-10　OJN 模型计算的模型（4-5）的回归结果

Variables	模型（4-5） H3b 和 H3c R_OJN	Variables	模型（4-5） H3b 和 H3c R_OJN
FV1	−0.0263 （−1.3776）	B_M	0.0018 （1.3824）
FV23	−0.0192* （−1.6622）	Turnover	−0.0048*** （−4.2101）
IC	0.0031 （1.3715）	STD_Ret	0.0228*** （2.8911）
IC×FV1	−0.0265* （−1.8743）	Ret	−0.0091*** （−7.8193）
IC×FV23	0.0025 （0.2027）	Analyst	0.0108*** （5.3010）
Lev	0.0483*** （3.3596）	Loss	0.0300*** （3.8969）
Size	0.0006 （0.1764）	Big4	−0.0103** （−2.1398）
Beta	−0.0058*** （−2.6984）	Soe	0.0155 （1.5843）
HI	0.0074 （0.7408）	Constant	0.0649 （0.8392）
Roa	−0.0595 （−1.1789）	Observations R-squared	1,998 0.1379

注：括号内是标准误；***、**、* 分别表示在 1%、5% 和 10% 水平上显著。

从表 4-10 中可以看出，交乘项 IC×FV1 的回归系数是 −0.0265，在 10% 的置信水平上与 R_OJN 显著负相关，说明高质量的内部控制能够增强第一层次公允价值项目对权益资本成本的负向影响，高质量内部控制和第一层次公允价值项目的共同作用更加有效地降低权益资本成本，H3b 同样得到验证；交乘项 $IC \times FV23$ 的回归系数是 0.0025，但是不显著，所以高质量的内部控制对第二、第三层次公允价值项目与权益资本成本的关系没有影响，H3c 依旧未得到验证。

另外，根据 OJN 模型计算的被解释变量，对审计质量不同的子样本组、所属产权性质不同的子样本组分组回归［采用模型（4-2）］，结果如表 4-11 所示。

表 4-11　OJN 模型计算的分组检验结果

Variables	分组 1 "四大"审计 R_OJN	分组 1 "非四大"审计 R_OJN	分组 2 国有属性 R_OJN	分组 2 非国有属性 R_OJN
FV123	−0.0198***	−0.0109	−0.0243***	−0.0104
	(−3.7844)	(−0.8036)	(−3.2129)	(−0.9953)
Lev	0.0544*	0.0577***	0.0411**	0.0618***
	(1.9372)	(3.4921)	(2.0667)	(3.0843)
Size	−0.0157***	0.0133***	0.0004	0.0010
	(−2.8047)	(3.2877)	(0.0835)	(0.2501)
Beta	−0.0045	−0.0057**	−0.0074**	−0.0028
	(−1.0243)	(−2.1912)	(−2.4672)	(−0.9194)
HI	0.0235***	0.0025	0.0108	0.0003
	(2.8081)	(0.1820)	(0.9424)	(0.0120)
Roa	−0.1164	−0.0229	−0.0871	0.0187
	(−1.1645)	(−0.3838)	(−1.2279)	(0.2965)
B_M	−0.0003	0.0076***	0.0011	0.0024
	(−0.2029)	(2.7614)	(0.6824)	(1.2720)
Turnover	−0.0077***	−0.0034**	−0.0036**	−0.0057***
	(−4.0502)	(−2.4485)	(−2.0163)	(−4.1287)

续表

Variables	分组 1		分组 2	
	"四大"审计	"非四大"审计	国有属性	非国有属性
	R_OJN	R_OJN	R_OJN	R_OJN
STD_Ret	0.0336**	0.0177*	0.0159	0.0298**
	(2.3899)	(1.8806)	(1.4472)	(2.5150)
Ret	−0.0108***	−0.0065***	−0.0089***	−0.0093***
	(−5.1958)	(−4.2692)	(−5.7166)	(−5.4992)
Analyst	0.0137***	0.0082***	0.0105***	0.0118***
	(3.7091)	(3.4498)	(3.8665)	(3.9277)
Loss	0.0372***	0.0317***	0.0320***	0.0270**
	(4.7762)	(2.6360)	(2.8358)	(2.2902)
Big4			−0.0049	−0.0191**
			(−0.8623)	(−2.2974)
Soe	0.0010	0.0267		
	(0.1048)	(1.2107)		
Constant	0.4606***	−0.2375**	0.0826	0.0523
	(3.3554)	(−2.4886)	(0.7166)	(0.5511)
Observations	615	1,383	1,197	801
R-squared	0.1744	0.1522	0.1061	0.1922

注：括号内是标准误；***、**、* 分别表示在 1%、5% 和 10% 水平上显著。

由表 4-11 可知，在"四大"审计子样本组中 FV123 与 R_OJN 呈显著负相关，但在"非四大"审计的子样本组中 FV123 与 R_OJN 没有明显的关系；在国有企业的子样本组中 FV123 与 R_OJN 呈现显著的负相关，在非国有企业的子样本中 FV123 与 R_OJN 没有明显的关系。这些结论与主检验结论完全一致。

综上，不论是根据 OJN 模型计算的全样本，还是根据 PEG 模型计算的全样本，在它们基础上展开探讨，其研究结论大致相同，所以本研究结果并非偶然，具有一定的参考价值。

（2）公允价值分层计量项目单独分层回归

在验证H2a和H2b时，公允价值分层计量项目 *FV1*、*FV23* 是放在模型（4-3）中一起回归的，为避免第一层次公允价值项目 *FV1* 和第二、第三层次公允价值项目 *FV23* 的相关性影响研究结果，重新分次单独回归以验证H2a和H2b。表4-12列示此次回归结果。

表4-12 公允价值分层计量项目单独回归的结果

Variables	第一层次 H2a R_PEG	第二、第三层次 H2b R_PEG	Variables	第一层次 H2a R_PEG	第二、第三层次 H2b R_PEG
FV1	−0.0384** (−2.4135)		*Turnover*	−0.0040*** (−3.9216)	−0.0041*** (−4.0188)
FV23		−0.0166* (−1.6609)	*STE_Ret*	0.0195*** (2.6884)	0.0197*** (2.7177)
Lev	0.0409*** (3.1850)	0.0427*** (3.3641)	*Ret*	−0.0096*** (−8.5422)	−0.0095*** (−8.5622)
Size	−0.0011 (−0.3643)	−0.0001 (−0.0400)	*Analyst*	0.0101*** (5.7419)	0.0102*** (5.7922)
Beta	−0.0051*** (−2.5992)	−0.0049** (−2.5117)	*Loss*	0.0241*** (3.4761)	0.0244*** (3.5309)
HI	0.0101 (1.0596)	0.0099 (1.0646)	*Big4*	−0.0100** (−2.3174)	−0.0104** (−2.4422)
Roa	−0.0127 (−0.2971)	−0.0128 (−0.2974)	*Soe*	0.0150 (1.5592)	0.0165* (1.7047)
B_M	0.0023** (2.0935)	0.0024** (2.1623)	*Constant*	0.0824 (1.1722)	0.0566 (0.8145)
			Observations	1,998	1,998
			R-squared	0.1484	0.1463

注：括号内是标准误；***、**、*分别表示在1%、5%和10%水平上显著。

从表 4-12 中可以看出，*FV1* 的系数依然为负，是 −0.0384，在 5% 的置信水平上与 *R_PEG* 显著负相关；*FV23* 的系数依旧为负，是 −0.0166，在 10% 的置信水平上与 *R_PEG* 显著负相关。所以，公允价值分层计量项目分次单独回归和共同回归的研究结果是一致的，再次验证 H2a 和 H2b。

（3）样本自选择问题的处理

公允价值分层计量项目整体上与权益资本成本负相关的结论是基于有分层的样本进行的，欲通过 Heckman 两步法检验样本是否存在自选择问题。自选择方程的被解释变量为是否分层披露 *Level*，如果公司分层披露了公允价值，*Level* 赋值 1；否则，赋值 0。一家企业为国有企业，它对会计准则的执行力度会高于非国有企业；一家企业属于金融企业，其持有的公允价值项目居多，对公允价值准则更熟悉，所以将产权性质和是否属于金融行业视作公司是否会分层披露公允价值信息的影响因素。借鉴蔡利等（2018）的做法，以金融工具、衍生金融工具和生物性资产粗略地计算了未分层披露公允价值公司的公允价值项目总金额。第一阶段利用总样本（分层披露样本和未分层披露样本）对不同产权性质和不同行业的公司是否选择分层披露公允价值的概率进行 Probit 回归，计算出逆米尔斯比率 *Imr*。第二阶段，在原分层披露的全样本中，把 *Imr* 加入模型（4-2）中作为控制变量进行回归，由于篇幅限制，只展示 Heckman 第二阶段的回归结果，见表 4-13。由表 4-13 可知，*Imr* 的系数显著，说明存在样本自选择问题，*FV123* 的系数也显著为负，说明考虑样本自选择问题后，H1 依旧能够得到验证。

表 4-13　Heckman 第二阶段的回归结果

Variables	H1 R_PEG	Variables	H1 R_PEG	Variables	H1 R_PEG
FV123	−0.0351*** (−3.7136)	*B_M*	0.00680*** (4.1147)	*Big4*	−0.00829* (−1.9337)
Lev	0.0402*** (2.9910)	*Turnover*	−0.00368*** (−3.5652)	*Soe*	0.0130 (1.3936)

续表

Variables	H1 R_PEG	Variables	H1 R_PEG	Variables	H1 R_PEG
Size	0.00322	STD_Ret	0.0188***	Imr	0.0517***
	(1.0469)		(2.5929)		(5.5295)
Beta	−0.00403**	Ret	−0.00867***	Constant	−0.0633
	(−2.0102)		(−7.4821)		(−0.8292)
HI	0.00893	Analyst	0.0103***	Observations	1,998
	(0.9109)		(5.7514)	R-squared	0.1636
Roa	−0.0518	Loss	0.0247***		
	(−1.1726)		(3.6398)		

注：括号内是标准误；***、**、*分别表示在1%、5%和10%水平上显著。

4.3.5 进一步分析

公允价值分层计量项目对权益资本成本的影响效应，不仅取决于公允价值层次理论的规范程度，还取决于实践者的执行情况。面对不同外部审计压力的企业、有着特定产权性质的企业，管理者遵照会计准则的执行力度会有所不同，从而导致财务报表信息的质量和透明度存在差异，公允价值分层计量信息对权益资本成本的影响效应就会不同。所以有必要针对审计质量和产权性质的不同分组分析，考察在特定的审计环境和特定的产权性质下，公允价值分层计量项目和权益资本成本的关系。

（1）基于审计质量分组的对比分析

企业经由不同的会计师事务所审计所面对的外部审计压力就会不同，通常情况下，大家一致认为国际"四大"的审计质量较高，企业由此披露的会计信息的可靠性便外显了。所以，样本公司的审计质量越高，所提供的公允价值分层计量信息就越可靠，投资者便能获得更具预测价值的信息。接下来，将"四大"审计

$Big4=1$ 的样本归为一类，$Big4=0$ 的样本归为另一类，分别检验公允价值分层计量项目整体上与权益资本成本的关系，观察回归结果是否有新变化，详细的回归分析结果见表 4-14。

表 4-14 显示：在"四大"审计的子样本组中，$FV123$ 和 R_PEG 的系数依旧为负且在 1% 的置信水平上显著，但在"非四大"审计的子样本中，$FV123$ 和 R_PEG 的系数虽然为负数，但是不再显著，说明审计质量能够进一步发挥公允价值分层计量项目的作用，更加有效地抑制权益资本成本，同时说明投资者比较青睐经由国际"四大"审计师审计过的公允价值信息。企业公开的会计信息的审计质量高，企业外部受到的监督就强，公允价值分层计量信息的相关性的优点就更加凸显，使得投资者能够利用公允价值分层计量信息做出有效的投资决策，从而降低权益资本成本。

（2）基于产权性质分组的对比分析

产权性质是企业特征中的一个重要的外显"身份"信息，投资者很容易辨认出。国有企业和非国有企业的差别如下。一方面，国有产权性质对上市公司犹如一把隐形的保护伞，企业违约的可能性较小，有益于消除投资者面对的不确定性，使得投资者要求的债券溢价就较小（方红星等，2013）。一个企业的国有产权性质能够为其提供隐性担保，在某种程度上降低企业相同环境下的经营风险，从而使得国有企业在投资者眼中享有特别的"待遇"——投资者对国有企业要求的投资成本较低。另一方面，国有企业受到政府、监管机构的监管更为严格，促使国有企业对会计准则的响应更积极，执行力度更强。基于此，便想验证特定产权性质下公允价值分层计量项目整体上对权益资本成本的影响。

检验步骤类似于基于审计质量分组的对比分析。将产权性质 $Soe=1$ 的样本归为一类，将 $Soe=0$ 的样本归为一类，分别检验公允价值分层计量项目整体上与权益资本成本的关系，观察回归结果是否有新变化，详细的回归分析结果见表 4-14。

表 4-14 显示：在国有企业子样本组中，$FV123$ 与 R_PEG 显著负相关，结果与预期的一致；但是在非国有企业子样本组中，$FV123$ 与 R_PEG 的系数虽然为

负数，但是不显著，说明国有企业的产权性质能够促进公允价值分层计量项目发挥作用，更加有效地抑制权益资本成本。同时说明，投资者对国有企业更有"好感"。

表4-14 进一步分析的回归结果

Variables	分组1 "四大"审计 R_PEG	分组1 "非四大"审计 R_PEG	分组2 国有属性 R_PEG	分组2 非国有属性 R_PEG
FV123	−0.0149***	−0.0122	−0.0222***	−0.0083
	(−3.2676)	(−0.8422)	(−3.0485)	(−0.7932)
Lev	0.0472*	0.0495***	0.0327*	0.0535***
	(1.9675)	(3.2414)	(1.8431)	(2.8718)
Size	−0.0164***	0.0119***	0.0005	−0.0009
	(−3.5280)	(3.1887)	(0.1156)	(−0.2496)
Beta	−0.004	−0.0054**	−0.0069**	−0.0028
	(−1.0404)	(−2.2645)	(−2.4748)	(−1.0202)
HI	0.0313***	0.0035	0.0129	0.0027
	(4.9475)	(0.2717)	(1.2664)	(0.1169)
Roa	−0.0394	−0.0089	−0.0147	0.0044
	(−0.5460)	(−0.1608)	(−0.2346)	(0.0809)
B_M	0.0003	0.0080***	0.0022	0.0026
	(0.2628)	(3.2076)	(1.5254)	(1.4940)
Turnover	−0.0066***	−0.0029**	−0.0029*	−0.0050***
	(−3.7083)	(−2.3488)	(−1.7595)	(−4.1812)
STD_Ret	0.0293**	0.0157*	0.0127	0.0267**
	(2.3211)	(1.7958)	(1.2475)	(2.4765)
Ret	−0.0112***	−0.0070***	−0.0094***	−0.0097***
	(−6.1063)	(−4.7646)	(−6.3276)	(−5.9712)

续表

Variables	分组1 "四大"审计 R_PEG	分组1 "非四大"审计 R_PEG	分组2 国有属性 R_PEG	分组2 非国有属性 R_PEG
Analyst	0.0115***	0.0082***	0.0095***	0.0110***
	(3.5263)	(3.9918)	(4.0604)	(4.3321)
Loss	0.0300***	0.0269**	0.0256**	0.0235**
	(4.7446)	(2.4160)	(2.5230)	(2.1850)
Big4			−0.0048	−0.0186**
			(−0.9997)	(−2.2696)
Soe	0.0005	0.0273		
	(0.0638)	(1.2150)		
Constant	0.4611***	−0.2279**	0.0581	0.0799
	(4.0855)	(−2.5813)	(0.5566)	(0.9089)
Observations	615	1383	1197	801
R-squared	0.2010	0.1670	0.1182	0.2033

注：括号内是标准误；***、**、*分别表示在1%、5%和10%水平上显著。

4.4 小结

会计信息是投资者做出投资决策的重要依据，在公允价值计量越来越受重视、公允价值理论发展越来越体系化的背景下，公允价值信息无疑给会计信息带来更多的增量价值。对比历史成本，公允价值这一计量属性提供的会计信息较为真实、公允，能够动态地追踪企业随内外部环境的变化而变化的情况，并及时反馈给投资者，有利于投资者随时掌握企业的盈利能力，做出正确的决策。如此，投资者面临的投资风险就降低了，向被投资者索要的最低回报也就降低了。当然，在将公允价值分层研究时，考虑到第一层次公允价值信息最真实，第二、第三层次公允价值信息均带有一定的主观性,所以预测第一层次公允价值信息及第二、第三层次公允价值信息对权益资本成本的影响可能存在差异,甚至产生相反的影响。内部控制在投资者做出决策和企业想以较低成本进行股权融资时是有帮助作用的,高质量内部控制保证公允价值信息披露的可靠性,能够让投资者准确预测企业的经济状况和未来自由现金流。

以 2010 年至 2018 年沪市 A 股、深市主板 A 股上市公司为样本展开探索,手动收集这些年份样本公司分层披露的公允价值信息,探讨我国公允价值分层计量项目整体上、分层研究时对权益资本成本的影响,以及内部控制质量如何影响公允价值分层计量项目整体上、分层研究时与权益资本成本的关系。进一步分析,基于审计质量的差别或特定的产权性质,讨论公允价值分层计量项目整体上与权益资本成本的关系。在综合考虑财务风险等因素后,针对上面的研究内容进行固定效应检验,得出下面五点结论。

第一,公允价值分层计量项目整体上与权益资本成本显著负相关。也就是说,公允价值分层计量项目合计数占企业期末总资产的相对规模越大,企业的权益资本成本越低;公允价值分层计量项目信息的披露使得股票的"流动"摩擦变小,缓解投资者与被投资者之间的信息不对称,让投资者更加准确地分析企业未来的发展能力和预期风险,增强投资者做出投资决策的信心,有利于权益资本成本的降低。

第二,第一层次公允价值项目与权益资本成本显著负相关,第二、第三层次公允价值项目与权益资本成本也显著负相关,但是第一层次公允价值项目对权益资本成本的负向影响要大于第二、第三层次公允价值项目对权益资本成本的负向影响。以上表明,公允价值各个层次的信息向投资者发出的信号是一致的,它们都具有价值相关性,只是可靠性上存在差异,在信赖程度上,投资者更信赖第一层次公允价值信息。

第三,高质量的内部控制有助于增强公允价值分层项目整体上与权益资本成本的负相关关系;另外,在分层研究时,高质量的内部控制有助于增强第一层次公允价值项目与权益资本成本的负相关关系,但是没有影响第二、第三层次公允价值项目与权益资本成本的负相关关系。当企业具备完善的内部控制制度并严格遵照执行时，企业的会计信息从生成到披露的每个环节，其质量都能得到保证。企业将公允价值等反映企业各方面状况的财务信息以报表的形式定期、及时、高效率地传递给投资者，减少投资者和被投资者之间的信息不对称，使得投资者能够准确判断被投资者的经营风险和未来价值，增加投资者的投资信心。因此，高质量的内部控制使得公允价值分层计量项目的披露质量提高了，降低了投资者可能要承受的各种风险，从而阻止企业权益资本成本的膨胀。

第四，对比高审计质量样本组和低审计质量样本组，高审计质量有助于增强公允价值分层计量项目整体上与权益资本成本的负相关关系。说明较高的审计质量让企业承受较强的外部监督压力，企业不得不保证其披露信息的质量，包括公允价值分层计量信息，减少股权投融资双方的信息不对称。

第五，对比国有企业样本组和非国有企业样本组，国有产权性质有效增强了公允价值分层计量项目整体上与权益资本成本的负相关关系。一是因为投资者认为国有企业有政府做后台，在经济形势不好的时候能够得到政府的保护；二是因为国有企业受到政府的监督更为严格，对会计准则的执行度较高，所以投资者对国有企业的投资索要较低的回报；三是相较而言，国有企业负担更重的社会责任，一直以来有良好的企业形象，投资者对其好感更足。

综上，公允价值分层计量信息有利于投资者做出投资决策，尤其是第一层次公允价值信息，但是公允价值分层计量信息对权益资本成本的负向影响在不同的内部控制环境、外部审计环境和制度环境下存在差异。因此，在判断公允价值分层计量项目信息的价值作用时，理应结合企业所处的内外部环境，全面考虑各种关键因素的影响。

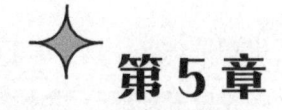

第 5 章
公允价值分层计量对公司债券信用利差（融资成本）的影响研究

5.1 引言

5.1.1 研究背景

2007 年，《公司债券发行试点办法》出台，标志着我国债券市场开始运行，从此出现了以市场为导向的公司债券。这一政策的执行，在一定程度上缓解了上市公司的融资压力，开辟了资本市场融资的新途径，为提高融资效率、降低融资成本提供了新的方法。2013 年，中国共产党第十八届中央委员会第三次全体会议通过《中共中央关于全面深化改革若干重大问题的决定》，其强调要健全多层次资本市场体系，推进股票发行注册制改革，多渠道推动股权融资，发展并规范债券市场，提高直接融资比重。为贯彻落实党的十八届三中全会有关发展并规范债券市场、提高直接融资比重的决定，2015 年 1 月 15 日中国证监会发布《公司债券发行与交易管理办法》（证监会令第 113 号）（现已废止），其放宽了发债主体的门槛要求，企业发行公司债券的热情高涨，交易所公司债券市场高速扩容。然而，由于我国债券市场处于起步阶段，各项制度仍不成熟，发债企业良莠不齐，因此在公司债券市场高速扩容的同时，背后隐含的风险不断累积。出于防范债券市场风险、保障我国公司债券市场健康有序发展的考虑，中国证监会于 2015 年 3 月 2 日发布《公开发行证券的公司信息披露内容与格式准则第 23 号——公开发行公司债券募集说明书（2015 年修订）》，对公开发行公司债券的信息披露做出相关规定，其中第七节（财务会计信息）第五十二条特别指出发行人对可能影响投资者理解公司财务状况、经营业绩和现金流量情况的信息，应加以必要的说明。由此可见，中国证监会认为财务信息是影响债券定价的重要风险因素。

债券融资作为公司获取资金的一种融资方式，一方面可以帮助上市公司获取经营所需要的资金，解决融资困难；另一方面，相较其他融资方式，债券融资有较少的约束限制，能容易满足企业较大的资金需求，降低公司的资金成本。

会计信息的质量直接影响资本市场秩序的稳定，在资本市场中有着举足轻重的地位，因为它是链接投资者与企业的纽带。早在1898年，美国最高法院就曾提出公允价值的概念，为日后公允价值的发展奠定基础。从此，公允价值在西方的资本市场开始受到关注，并且得到广大学者和实务工作者的支持，迅速成为研究热点。但与此同时，一部分批评者质疑，公允价值所代表的并不是公司实际确有的价值，并且公允价值的估值可能更容易造成公司价值的波动，甚至市场的波动。然而，随着对公允价值的研究和实践，公允价值计量模式逐渐得到人们的认可。公允价值是指在公平交易的市场条件下考虑市场情况后双方确定的理性价格。公允价值计量的使用可以说是整个人类进步发展的必然。随着曾被称为"企业会计最合乎逻辑的基础"的历史成本的众多缺陷逐渐暴露出来，尤其是在1973年布雷顿森林体系瓦解后，曾一度占据主导地位的历史成本计量无法适应新的国际金融环境。比起"拘泥于过去"的历史成本计量，人们开始需要一个"面向未来"的会计计量方法，而基于未来的公允价值计量正是人们期望的。为了规范公允价值的使用，美国出台一系列政策，例如SFAS第105号、107号和115号等，并且在2006年出台的SFAS 157中，不仅要求披露公允价值信息，还要求按照层次披露。即便如此，国内外对于公允价值的争论仍然经年不休，反对者指责公允价值容易成为企业操纵盈余的工具，抑或公允价值会引起经济的不稳定波动。特别是在2008年国际金融危机爆发前后，公允价值计量模式一度被认为是导致危机的罪魁祸首，认为公允价值加剧了资本市场的动荡，导致资本市场的不稳定，公允价值计量模式再次受到全世界的关注和讨论。也有不少支持者为公允价值鸣冤，认为公允价值仅作为一种反映会计信息的计量工具，客观地计量所发生的经济情况，并不能对整个经济带来结果性的影响，更不会给企业带来损失，金融危机的恶性影响并不是由公允价值带来和扩大的，其影响原本如此，对市场敏感的公允价值只是及时且真实地将该影响呈现在公众面前，所以公允价值不应背此"黑锅"。这次金融危机带来的恶性影响，使得准则制定者认识到需要进一步加强和规范公允价值的管理，以解决实务工作中的困惑。于是在2011年，IASB发布IFRS 13号准则，再次对公允价值的计量、披露和管理等工作做出规范，为公允价值计量的实践提供指导。

关于公允价值计量的信息对债权人等外部报表使用者是否有益这个问题，直到今天在我国市场中仍然有争议，所以公允价值应用的道路是曲折坎坷的，但不可否认的是，以公允价值计量模式为特征的会计准则是今后发展的必然趋势。在我国市场中，公允价值的发展并不顺利，1998年首次引入公允价值概念，但是仅实行两年就被取消，2006年发布新的《企业会计准则》，公允价值计量再一次被应用，并且坚持谨慎适度的原则。然而，引入公允价值后仅两年，国际金融危机爆发，动摇了大家对于公允价值计量的信心，因此公允价值在我国的发展是坎坷和滞后的。2010年，财政部再次要求上市公司应该在年报中对公允价值分层披露，并且提出规范公允价值的要求。但是，在实务中，上市公司的反应并不积极，多数企业还是对公允价值计量模式心存疑虑。一方面，公允价值披露的支持者认为，公允价值信息的有用性在于其及时性和不确定性的减少；另一方面，反对者认为公允价值，尤其是公允价值等级体系中第二层次和第三层次计量项目，包含重大的计量误差和管理层的自由裁量。2012年，财政部出台了关于公允价值征求意见的意见稿，请社会各界学者专家进行讨论。终于在2014年，《企业会计准则第39号——公允价值计量》问世，其对公允价值计量进行了细化规定，说明了实务应用中的指导性方案，有利于改善当期的会计信息质量。公允价值计量在我国企业会计准则中的出现，引起更多国内专家学者、企业所有者和金融从业者的讨论和研究。相对于欧美国家，我国的经济市场有待完善和活跃，因此有人质疑，在我国的现行条件下公允价值能否发挥其客观公正的效果，并给运用公允价值的企业和市场带来好的影响。然而，我国一直紧跟经济全球化的脚步，会计专业也与国际接轨，不能因为我国的现行环境有待完善，就放弃使用公允价值。相反，应该努力建设更为完善的金融市场，促进公允价值发挥更大的经济效用，更能促进我国经济的发展。也正是如此,有关公允价值的研究受到更多学者的关注,研究结果也如雨后春笋般多了起来。

在债券市场中,投资者通过取得、整理、加工会计信息做出投资决策以获得经济收益,公允价值信息是一项重要的会计信息,会影响投资者投资时的选择;对发行主体来说,影响发债公司的融资成本,因此,公允价值信息对债券市场是重要且值得关注的。

5.1.2 研究意义

Walton(2006)认为支持公允价值优势的理论基础与它更能反映公司真实的经济实质和真实的财务状况有关。这是由于公允价值不受特定因素影响,它是基于市场的,因此,它代表了一个公正的测量时期和实体。自 2007 年开始,公允价值计量属性在我国得到了广泛的推广,由于委托代理、信息风险等问题的存在,其可靠性受到质疑。在公允价值广受关注的今天,无论是理论方面还是现实方面的研究,都有其价值和意义。然而在公允价值方面,比起国外的一大批研究成果,我国的研究目前较多地停留在理论方面,对于实证性的研究较少,广度和深度尚需继续开发。公司发行债券作为公司融资行为的一种,投资者在做出投资决策前应关注企业会计信息,公允价值应该受到投资者和发行主体的关注,目前很少有学者探讨公允价值信息对债券市场的影响,尤其是债券定价的问题,仍有很大的研究空间。深入探讨上述问题,对准则的制定者、投资者和公司债的发债主体,甚至对监管机构的人员都有一定的启示意义,为今后相关方向的研究提供更多的研究基础。我国于 1998 年首次引入公允价值,仅两年就取消,2006 年再次引入,仅两年就受到国际金融危机的冲击,再一次动摇了人们对公允价值的信心,所以我国公允价值的发展历程是坎坷的,相对于欧美国家又是滞后的。在这种情境下,明确公允价值对我国的影响,完善我国的会计制度和准则,就更为重要。因此,本研究基于公司债券的角度,分析公允价值对债券信用利差的影响,具有深刻的理论意义和现实意义。

(1) 理论意义

第一，丰富了公允价值相关领域的理论研究。虽然单独研究公允价值、债券定价的成果较为丰富，但是把它们结合在一起的研究寥寥无几。突破以往公允价值文献直接研究公允价值信息的价值相关性或可靠性范畴，这不仅是对现有研究成果的补充，还为以后的研究开启新方向。尽管诸多国内文献研究了债券特征（如债券发债规模、债券契约等）、发债公司特征（如企业内控质量、社会责任）、宏观经济条件（如财政政策、货币供给等）对公司债券定价的影响，但尚未有文献将公允价值信息与债券联系起来；由于手工收集公司的公允价值信息存在较大难度，与公允价值的相关文献较多以规范类文章为主。这里，通过研究公允价值对债券信用利差的影响，为该研究空白领域提供了经验证据，具有一定的理论和实践意义。

第二，从公允价值变动与公允价值分层计量这两个角度，来探究公允价值计量项目对债券信用利差的影响。我国学者尚未进行这方面的研究：从公允价值变动损益的占比对发行公司债券的信用利差的影响，以及从第一层次、第二层次和第三层次的公允价值占比对发行公司债券的信用利差的影响进行研究。通过实证分析，验证透明度越高、可靠性越强、更加及时公允的会计信息能够降低债券信用利差；相反，低质量的会计信息会提高债券信用利差，增加债券的融资成本。

第三，将公允价值计量项目、债券信用利差和控制环境三者联系起来。分别在国企和非国企不同的产权性质中，以及经"四大"审计和"非四大"审计的不同审计质量中，研究公允价值计量项目对债券信用利差的不同影响，从而拓展了这一研究领域。

(2) 实践意义

首先，有利于引导投资者关注公司公允价值信息，特别是不同层次的信息，能够帮助投资者对不同的发债公司披露的公允价值进行谨慎分析。公允价值变动损益的占比以及各个层次的公允价值信息所带来的含义不同，公允价值的披露程度也会带来不同信息，通过分析公允价值计量项目的情况，投资者可以谨慎投资。

其次，发债主体的上市公司应该严格按照公允价值计量准则进行估值和披露，特别要严格按照准则要求披露第二、第三层次公允价值，规范公允价值计量和披露，并提高公允价值信息披露质量，从而帮助企业发行公司债券融资，同时帮助投资者利用公允价值信息进行理性投资。

再次，为会计准则制定者继续完善公允价值计量和披露体系提供参考依据。此次研究检验出公允价值计量准则的实施初步达到财政部的初衷——为信息使用者提供更多的增量信息。公允价值的研究有利于准则制定者评估准则实施的效果，从而进一步完善相关准则。

最后，揭示了公允价值计量的项目和公司债券信用利差的关系，以及在不同的控制环境中，从产权性质、审计质量这两个角度，探究影响关系的变化，有助于发现不同企业在不同环境中对公允价值与债券定价的不同影响，凸显企业控制环境的重要性，对进一步加强企业的内部控制体系有一定的指导意义。

5.3 研究设计

5.3.1 研究假设

（1）公允价值变动对债券信用利差的影响

为公众提供高质量的会计信息是市场的需求，在这一背景条件下，组织通常发布财务报告对外披露会计信息，以便于利益相关者了解企业业绩和发展状况。会计信息具有各种各样的功能，如规划、控制和决策，因此，要达成提供会计信息的目的，必须披露高质量的财务信息。为了满足使用者的信息需求，会计信息被期望具有一定的特征，如相关性、可验证性、无偏性、可比性等。为了实现这些定性特征，有几种方法来衡量财务报表要素，包括历史成本、重置成本和公允价值计量。标准制定者和广泛的学术文献都认为公允价值信息更能够为财务报告使用者提供相关且及时的信息。公允价值计量的目的是确保财务报表具有更高的透明度，并且使得会计数据具有更高的价值相关性，资本市场能够更好地反映企业实体的真实价值，从而促使更有效的资源配置和资本的形成。因此公允价值的支持者声称，以公允价值计量的资产或者负债能够反映当时的市场状况，能够提供相对及时的信息，从而增加了透明度，也增加了会计信息的相关性。

在信贷市场上，债权人与债务人达成契约，签订借款协议，债权人承担一定风险，考虑适当的风险所带来的成本，债权人的银行会对债务企业的资产进行评估，分析企业的经营情况，其中评估的重要因素就是企业的财务会计信息。之前的研究表明，银行在判断债务人信用风险时，通常会重点关注企业的财务报表，财务报表中的会计信息能够直接反映该企业的资产状况和现金水平，以及违约的风险。会计信息越具有可靠性，就越能保证借贷的安全性。一份财务报表或任何会计数据是否具有有用性，两个最重要的特征就是相关性和可靠性，这是会计界的真理。相较于国外的多层次资本市场而言，我国融资渠道常常局限于银行借款，然而2008年国际金融危机后，人们普遍意识到银行贷款的巨大风险，不能单纯依赖银行借款这单一的融资模式，因而转向债券融资这一直接的融资模式。债券市场同样如此。会计信息是投资者做出购买债券决策时分析的一大要素，也是债券发行人确定债券定价时的参考依据。由于公允价值会计使用特定于企业当前市场情况的信息，它试图提供更多的尽可能相关的估计。公允价值对公司本身具有巨大的信息价值，并鼓励公司发现问题时迅速采取纠正行动。

相对于历史成本计量等其他会计方法，公允价值会计提高了财务报表的信息可信度和威信力，因为公允价值会计要求公司披露大量信息，包括所使用的方法、所作的假设、风险敞口、相关敏感性和其他问题，从而形成一份完整的财务报表。当资产负债表中存在一项资产需要反映市场价值时，或是需要及时反映该公司现在的利得与损失时，与历史成本计量方法相比，公司显然应该选择公允价值计量模式，因为公允价值增强会计信息的有用性，并且与企业的业绩直接相关。另外，公允价值的本质就是增加委托人与代理人之间信息的透明度和公平性，降低债券的融资成本。

"公允价值变动损益"科目，是利润表中表示企业利润的项目之一，它直接反映企业某项资产市场价值的变动。在活跃市场中,当交易价格高于或低于某项资产的成本时,其所度量的未来可能实现,但是当下还未实现的利得或损失。公允价值具有明显的未实现性,它是持有资产的未完全实现的损益,是典型的应计利润,未实现性使得资产价格波动的影响能够持续体现在公司的财务报告中,为能够观察是否存在公允价值的"循环反馈渠道"提供可能(谭洪涛等,2011)。公允价值变动损益在利润总额中占比较大且金额较多,表明企业利润中有很大一部分是没有实现的利得或收益。如果一个企业"公允价值变动损益"这个科目反映的数值越大,可以表明该企业存在未来获益的可能性越多,虽然现在没有确切的现金流入,但是未来有可能获得较大的收益,因此从侧面反映该企业的未来发展前景较好,仍然具有价值上升的空间,未来的偿债能力可以得到提升,投资者感知到的风险较小,因此要求的风险溢价较低。因此本研究认为,公允价值的正向变动会降低债券的信用利差,即降低公司的债券融资成本。公允价值变动损益能够为企业带来潜在的收益,提高企业的偿债能力,投资者认同公允价值变动损益带来的未来收益,因此愿意投资收益率较低但更加可靠且风险更小的债券,基于以上分析,提出第一个假设H1。

H1:发债公司的公允价值变动损益在利润总额中的占比越高,其对公司债券信用利差的负向影响越大。

(2) 公允价值第一层次对债券信用利差的影响

随着我国资本市场的进一步规范和发展,投资者越来越倾向于通过多种渠道获得上市公司的各种信息,并以此作为投资的参考依据,其中会计信息最被投资者看重,如公允价值会计信息。由于三个公允价值层次的透明度和可靠性存在差异,因此投资者据以考量的三个层次的公允价值资产与负债所蕴含的风险也有所不同。公允价值层次取决于其使用的输入值的划分。输入值是指市场参与者在评估有关资产和负债时采用的假设。第一层次输入值是指主体在计量日能够取得资产或负债在活跃市场上未经调整的报价,因此其所承载的数据和信息是最真实可靠的。

当前,我国上市公司在披露公允价值的分层计量时,几乎没有企业披露第一、第二、第三层次的最基础（或最底层）资产或负债项目的名称；相关的文献统计资料也没有公开，给对其的深入研究工作带来了困难。根据Hanley等（2018）发表在顶级期刊 JAE 上的论文统计，在其整理的 9,560 个样本公司一年份组合中（即 ID-Year），持有的 1,334 只美国联邦政府债券中有 66% 被判定为公允价值计量的第一层次资产，样本公司持有的 11,188 只市政债的 3% 被判定为第一层次，样本公司持有的 12,220 只政府担保债券的 2% 被判定为第一层次，其他项目被判定为第一层次的极少。Hanley 的研究发现，第一层次可能包含的最基础项目可见一斑，即第一层次项目主要是联邦政府债券（可对应我国的国债）、市政债（基本对应我国的地方债）、政府担保债券（基本对应我国的国企债券）。这些项目有着共同的特点：通常这些项目都在活跃市场中有着相同的报价，其收益比较固定并且相对有保障。根据 CAS 39 准则，第一层次的公允价值直接来源于相同的资产或负债项目的活跃市场报价，输入参数无须调整。对披露公允价值分层信息的发债公司而言，其披露的第一层次公允价值计量项目占比的信息越多，给投资者带来该发债主体关于公允价值项目的信息越可靠，从而减少企业财务信息的内外不对称性，提高信息环境质量。因此这些债券的投资者愿意接受该企业发行债券的风险补偿（或风险溢价）就越低。基于此，本研究提出第二个假设。

H2：发债公司的第一层次公允价值计量项目的占比越高，其对公司债券信用利差的负向影响就越大。

（3）公允价值第二、第三层次对债券信用利差的影响

第二层次输入值是指第一层次输入值以外的相关资产或负债直接或间接的可观察输入值。企业在选择使用第二层次输入值时，应当根据自身资产与类似资产的相似程度，评估自身的实际情况、所在市场中的可观察输入值的交易频率和交易量等情况。第三层次输入值是相关资产或负债的不可观察输入值，以市场参与者的角度反映为相关资产或负债定价时所使用的假设，企业应该合理审慎地选择输入值。财务信息对于潜在投资者的价值主要体现在两个方面：一是对公开信息的正确解读；二是对私有信息的充分挖掘（李端生等，2017）。第二、第三层次所带来的隐含信息将会暗示投资者该部分的信息可能带来较大

的不可靠性。国际金融危机之后，美国财务会计准则委员会于 2006 年发布财务会计准则 SFAS 157，要求所有在美国上市的公司披露有关其金融工具中的公允价值估值技术的定量和定性信息。这种额外信息的披露为投资者提供更大的透明度，让他们知道公司如何决定资产估值的计量方法，特别是第三层次公允价值计量方法，但是在这种方法中，公司可以根据其自行决定的基础来评估其资产。公司必须根据投入的性质和可观察性，使用三个层次的公允价值层次来报告其资产和负债的公允价值。三个层次的公允价值信息的披露虽然是强制性的，但公司可以选择使用这三个等级中的任一个等级，来评估和披露其资产和负债。Chong 等（2012）发现美国银行滥用第三层次公允价值披露信息来掩盖其业绩，尤其是那些财务业绩相对较差的银行，相较于第一层次，第二、第三层次公允价值计量项目的输入值在调整过程中，更需要职业判断，不存在一定之规，因此，不可避免地需要财务人员结合企业内外部信息进行主观职业判断，因而得出第二、第三层次的公允价值信息成为盈余管理工具的结论。Miah（2019）认为，由于越来越依赖管理者的判断和假设，公允价值某些层次估计可能导致机会主义行为。由于判断和假设大多是主观的，其中，第二层次项目来自市场中可取信息的近似值，需要会计人员基于本公司资产或负债的特质进行调整；第三层次计量项目是基于不可观察输入值，其估值过程更加依赖财务人员的估值建模技术、主观判断等相关经验或能力。由此，在输入第二、第三层次公允价值时，公司的管理层有充分的可能性通过改变公允价值的估值来操纵盈余，粉饰报表，企图让报表使用者感知到企业具有良好的业绩和更低的风险。那么披露更多第二、第三层次公允价值的发债主体对投资者来说会有更高的信用风险，投资者因此会要求更高的风险补偿。由此，本研究得出第三个假设。

H3：发债公司的第二、第三层次公允价值计量项目的占比越高，其对公司债券信用利差的正向影响就越大。

5.3.2 样本选择与数据来源

在我国债券市场中，同时存在企业债券和公司债券，二者在发行主体、资金投向、监管制度以及流通结算等环节均不同。从本质上来看，国内大部分企业债券属于政府债券而非公司债券（王国刚，2007）。相比之下，公司债券的发行定价更加符合市场化的要求。2014年我国财政部发布了CAS 39号文件，要求企业对特定项目进行公允价值分层计量与披露，以提高财务会计信息的可靠性。本章的研究重点为公允价值计量项目对公司债券信用利差的影响研究，不对发债实体是否披露公允价值这一层面进行讨论，因而在本章中，只有发行公司债券并且披露公允价值信息的公司，才成为可研究的样本公司。基于此，选择于2014年至2019年在上海和深圳证券交易所发行公司债的企业为研究样本，且限定发行公司债券的发行实体为有公允价值分层数据的上市公司。

与此同时，为了保证研究结论的可靠性，对初始样本执行以下筛选程序：

- 剔除发债主体被ST和*ST处理的公司债券；
- 剔除票面利率缺失的公司债券；
- 剔除发债主体财务数据缺失的公司债券；
- 剔除发债主体未披露公允价值信息的公司债券。

为消除异常值影响，连续变量进行上下1%缩尾处理，最终以2014年至2019年305家上市公司发行的795只公司债券数据为样本。公司债券的数据来自锐思数据库，国债收益率来自中债网，公允价值分层的数据均来自从巨潮资讯网下载的各上市公司的年报，并通过手工整理取得，其他控制变量中的财务数据均来自国泰安数据库。使用Stata 15.1软件进行计量分析，样本筛选过程如表5-1所示。

表5-1 样本筛选过程

原始样本	筛选标准	筛选后样本
1,220	减：27个发债主体被ST和*ST处理的公司债券	1193
	减：4个票面利率缺失导致信用利差为负的公司债券	1189
	减：88个发债主体财务数据缺失的公司债券	1101
	减：306个发债主体未披露公允价值的公司债券	795

对全样本的年份分布情况进行了统计分析，见图5-1。我国债券市场的发展

阶段中，2007 年至 2014 年是初步发展阶段，2015 年至今是快速发展阶段。图 5-1 展示样本公司从 2014 年至 2019 年发行公司债券的情况。观察图 5-1 可以发现：2018 年和 2019 年这两年的发行量比较高，分别突破 200 只；比较 2014 年至 2017 年的数据，2016 年的发行量相对较高，突破 150 只。整体来看，债券发行量呈增长趋势，在 2015 年及之前，公司债券的发行量较少。

图 5-1 样本债券发行分布

图 5-2 展示 2014 年至 2019 年样本公司公允价值披露项目的总和，总体上依然是增长趋势，2018 年公允价值披露项目总数达到最高值，2019 年稍有回落。由于 CAS 39 2014 年发布，因此当年公允价值披露项目总量是较低的，随着政策的落实和接受程度的慢慢提高，公允价值项目的披露逐渐出现增长趋势，也从侧面反映公允价值计量模式的认可程度和应用程度都在提升。

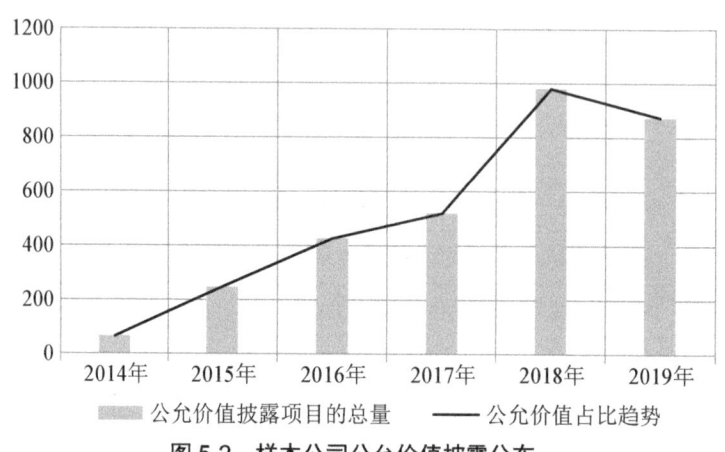

图 5-2 样本公司公允价值披露分布

5.3.3 变量定义

（1）被解释变量

公司债券的定价通常由无风险收益率和风险收益率构成。无风险收益率，一般以国债券的到期收益率作为代理变量，而风险收益率是高出无风险收益率的部分，这部分超过的收益率就是风险补偿部分，通常称为信用利差，研究公司债券定价或融资成本的问题，都可以转化为研究信用利差的问题。信用利差（Spread）为被解释变量，本研究采用国内多数学者的普遍做法，将信用利差定义为公司债券的票面利率与同期且同期限的国债到期收益率之差（方红星等，2013；杨大楷等，2014）。信用利差由以下公式表示：

$$Spread = CR - cr \qquad (5\text{-}1)$$

其中，CR 为公司债券的票面利率，cr 为同期且同期限的国债到期收益率。在处理被解释变量时，整理每一只债券的票面利率，并按照每只债券的发行日期，在中债网寻找与该债券相对应的同期且同期限的国债到期收益率，并将两者做差，得到债券信用利差（$Spread$）。这一衡量方法已经成为国内主流的衡量债券融资成本的方法。由于信用利差可以很好地反映投资者对于投资公司债券时所承担的风险而获得的风险补偿，体现债券的定价及投资价值，因此影响信用利差的因素也是影响公司债券价格的重要因素。如果不存在同期可比的债券收益率，则用现行插值法补齐。

（2）解释变量

公允价值变动损益（$Fvgl$）：目前大多数文献采用利润表中披露的"公允价值变动损益"科目来研究公允价值的信息价值（谭洪涛等，2011；叶康涛等，2011）。通过研究公允价值对债券信用利差的影响，希望了解公允价值披露程度和各个层次公允价值的信息质量。选取最具代表性的"公允价值变动损益在利润总额中的占比（$Fvgl$）"来表示。

公允价值分层计量（$FV1$、$FV23$）：第一层次公允价值（$FV1$）表示第一层次公允价值计量项目与总股数的比值；由于预测公允价值第二、第三层次对债券信用利差的影响方向一致,都会导致信息的透明程度降低,提高债券的信用利差,因此将第二、第三层次的公允价值加总,表示第二、第三层次公允价值计量项目与总股数的比值(*FV23*),以该占比度量发行公司债券的上市公司公允价值第二、第三层次信息的披露程度(徐畅,2016)。

(3) 控制变量

①债券特征方面

债券信用评级(*Rating*)。债券信用评级是评信机构对公司债券的信用等级的评估,评价其能否按时还本付息的程度,根据其信用程度进行评级。在样本中,主要涉及 AA-、AA、AA+、AAA 四种不同等级。为了便于计算处理,对债券的信用评级进行赋值,分别将 AAA 赋值为 4、AA+ 赋值为 3、AA 赋值为 2、AA- 赋值为 1。一般认为债券信用评级越高,公司的信息质量越高,相应的违约风险较小。因此,预测债券信用评级与信用利差负相关。

发债规模(*Crash*)。发债规模采用的是债券发行总额度的对数。通常情况下,投资者会更多地关注发行规模较大的债券,一旦投资者的关注度升高,债券市场中该只债券的热度上升,在二级市场中的流动性也会增强,同时较大的发行规模也体现出该公司较强的融资能力和偿债能力。因此,发债规模较大会带来利好的消息(周宏等,2012)。预期发行规模能够负向影响债券信用利差的相关性。

债券期限(*Matur*)。通常一个公司发行债券的期限越长,投资者就会越谨慎,考虑承担风险的期限也会越长,因此发行期限较长的债券会带给投资者更多的顾虑,投资者可能承担更高的风险,因此投资者会要求更高的风险溢价,以此弥补可能遭受的损失(杨大楷等,2014)。但是,有学者持相反的观点,认为发行期限较长,表明企业对自己有信心,反映企业的可能持续发展能力较强,传递给投资者积极的信号。因此,债券发行期限对债券信用利差的影响有待验证。

债券担保(*Guara*)。关于债券担保将对债券信用利差有何影响,学术界尚未达成一致。陈超等(2014)表示,债券担保体现担保人对被担保人偿债能力的认可,能够有效降低投资者的信息的不对称性,增强投资者信心,因而债券担保能够一定程度上降低债券的信用利差。相反,张雪莹等(2017)选取 2008 年至

2014年我国发行的信用债为样本,认为有担保的债券反而风险更高,即债券的信用利差越高,因为进行担保的债券可能存在不能到期还本付息的风险,因而为了保证债券的顺利发行,顺利得到债券融资,会通过外部担保的方式对债券增信,然而投资者可能放大这种隐含的不确定性,从而要求更高的风险溢价。Chen等(2020)的研究发现,有形资产较少、信用评级较低、债务负担较严重和管理机构中问题较复杂的发行人更有可能发行担保债券。因此,债券担保对债券信用利差的影响有待探讨。

②公司特征方面

产权性质(Soe)。设置产权性质的虚拟变量,沿用我国现有文献的主流做法,若上市公司实际控制人为中央或地方政府,则定为国有企业取1,否则取0。一般认为政府会为国有企业债务提供保障,其违约风险较低。所以,如果债券发行公司属于国有企业,意味着其有较高的信用保障,债券违约的风险较小。因此,预测国有企业与公司信用利差存在负相关关系。

择时发行($Select$)。债券融资过程往往存在最佳的融资时点,公司发行债券时,可能为了提高报表中的现金流量,选择靠近半年报、年报编制截止季度的时机发行公司债。因此以Select衡量债券发行择时问题,债券发行时间在第二季度和第四季度时取1,否则取0。

资产负债率(Lev)。资产负债率由年末总负债比年末总资产来衡量,一个企业的负债越高,企业财务状况越不好,当负债高到一定比例时,就会出现资不抵债的情况。这时,企业的偿债能力下降,甚至出现违约的情况,因此投资者购买该公司债券的风险加大,所以,预期资产负债率会正向影响债券信用利差。

净资产收益率(Roe)。设置净资产收益率指标,用来衡量上市公司的盈利能力,具体采用公司年末的净利润与其股东权益的比例来表示。一般认为当公司经营状况较好,能够产生较高的盈利利润时,公司有足够的资金保障,能够按时偿还应付的债务,从而减少未来债券违约的风险,相应地降低公司的债券信用利差。因此,预测净资产收益率与债券信用利差存在负相关。

公司规模($Size$)。公司规模定义为年度平均总资产的自然对数值。通常情况下,一家公司的规模越大,其经济实力越雄厚,结构越完善,声誉越好。规模较大的公司通常得到的关注度越高,内部和外部的监管力度也越大,公司内部治理结构较完整,内部控制水平较高,因此公司规模能够给投资者带来积极正向的消息。预期公司规模会给债券信用利差带来负向影响。

机构投资者(Inhr)。机构投资者是指本身具有一定的知识专业优势、信息处理优势等的金融机构,将机构本身拥有的资金和通过正当方式筹集的社会上的公众资金集合在一起进行集中化的管理、集中化的投资,以期达到收益最大化,主要包括一些基金类型。当拥有更多专业知识和技能的机构投资者较多时,机构投资者会更有能力去对公允价值层次的披露进行判断,因此,外部投资者愿意相信公司会更谨慎地报告财务信息,从而可以推断当机构投资者较多时,公司的财务会计信息更可靠,预期公司债券的信用利差会更低。

二职合一(Tural)。二职分别是董事长与总经理,董事长对总经理可以起到监督的作用,以维护股东的权益,而总经理利用经营管理的权力管理公司,为股东创造最大财富,因此二者应该各司其职。如果董事长与总经理两个职位由同一人担任时,就会放大管理层的权力,削弱董事会的监督职能,使管理层更容易操纵公司的利润。因此设定二职合一为虚拟变量,当公司存在二职合一时取1,否则取0。

公司年龄(Age)。José等(2017)研究发现,年轻企业相比成熟企业,欠缺获取资源和取得供应商信任的能力,而成熟企业的体系更加健全,无论是知识、经验还是人脉都比较丰富,因此,成熟企业相对容易提升核心竞争力和公司业绩。从而预测公司年龄对债券信用利差会产生负向影响,根据公司成立年限来衡量公司的年龄。

成长性(Grow)。成长性Grow由"(本年营业收入－期初营业收入)/年初营业收入"来表示。企业的成长性是投资者关注的重要指标,企业越具有成长性,越能够顺利得到多方的资金支持,因此,企业资金充足,从侧面反映企业的运营能力较强,有较多的发展机会,具备投资的价值。从而预测公司越具成长性,债券信用利差越低。

审计质量(Big4)。虚拟变量,如果公司债券的发行主体近期披露的年报是由国际"四大"会计师事务所(毕马威、普华永道、德勤和安永)审计的,为1,

否则为 0。王守海等（2017）表示"四大"会计师事务所在审计方面更具有行业专长，无论是专业知识还是审计经验，都更能增强对公允价值的相关性影响。基于此，本研究预测由"四大"审计的发债公司发行的公司债券信用利差低。

内部控制质量（$Difc$）。杨清香等（2012）研究发现披露内控重大缺陷会造成股票价格的下跌，佘晓燕等（2018）也认为，外部利益相关方会对企业披露的内控重大缺陷产生负面效应，如监管处罚和审计师非正常变更等。因此，预测内控缺陷给债券信用利差带来正向影响，发行公司债券的企业存在内控缺陷的取 1，不存在内控缺陷的取 0。

变量定义表如表 5-2 所示。

表 5-2 变量定义表

	名称	变量	解释
被解释变量	信用利差	Spread	公司债券票面利率 – 同期且同期限的国债到期收益率
解释变量	公允价值变动损益	Fvgl	公允价值变动损益 / 利润总额
	第一层次公允价值计量项目占比	FV1	（第一层次披露的资产 + 第一层次披露的负债）/ 总股数
	第二、第三层次公允价值计量项目占比	FV23	（第二、第三层次披露的资产 + 第二、第三层次披露的负债）/ 总股数
	债券特征方面		
控制变量	债券信用评级	Rating	若债券信用评级从高到低为"AAA""AA+""AA""AA–"，则分别取值为 4、3、2、1
	发债规模	Crash	公司债券本次发行金额的自然对数值
	债券期限	Matur	公司债券本次发行的期限
	债券担保	Guara	有提供担保的债券取 1，否则取 0
	公司特征方面		
	产权性质	Soe	产权性质，国有企业取 1，非国有企业取 0
	择时发行	Select	在披露半年报或者年报的季度发行债券取 1，否则取 0

续表

	名称	变量	解释
控制变量	资产负债率	Lev	资产负债率＝年末总负债／年末总资产
	净资产收益率	Roe	净资产收益率＝净利润／平均股东权益
	公司规模	Size	年度平均总资产的自然对数值
	机构投资者	Inhr	机构投资者持股比例
	二职合一	Tural	虚拟变量，董事长与总经理二职合一时取1，否则取0
	公司年龄	Age	发债年份－上市公司成立年份
	成长性	Grow	营业收入增长率＝（本年营业收入－期初营业收入）／年初营业收入
	审计质量	Big4	公司年报是否为"四大"会计师事务所审计，是则取1，否则取0
	内部控制质量	Dific	内部控制存在缺陷取1，不存在缺陷取0
	年份变量	Year	年份虚拟变量

5.3.4 模型构建

基于前文分析，鉴于影响公司债券信用利差的因素不仅包括发债主体的财务信息，也包括公司债券本身的特征信息等，构建时间、企业个体双向固定效应回归模型，时间固定效应可以反映不随企业个体而变，但随时间而变，同一年份每家企业面对的相同宏观经济变量等遗漏变量的影响效应。为了验证公允价值变动损益的占比对公司债券信用利差的影响，即验证H1，建立如下模型（5-2），根据推导H1的理论分析，预期 $Fvgl$ 的回归系数为负：

$$Spread = a_0 + a_1 Fvgl + a_2 Rating + a_3 Crash + a_4 Matur + a_5 Guara + a_6 Soe$$
$$+ a_7 Select + a_8 Lev + a_9 Roe + a_{10} Size + a_{11} Inhr + a_{12} Tural \quad (5\text{-}2)$$
$$+ a_{13} Age + a_{14} Grow + a_{15} Big4 + a_{16} Dific + \sum Year + \varepsilon$$

其中，$Spread$ 为该模型的主要被解释变量——信用利差，$Fvgl$ 为该模型的主要解释变量——公允价值变动损益，同时，在进一步分析中，根据产权性质（Soe）和审计质量（$Big4$）对上述变量进行分组，再次在该模型中探讨公允价值变动对债券信用利差的影响。

为了分别验证第一层次公允价值项目的占比及第二、第三层次公允价值计量项目的占比对债券信用利差的影响，即验证 H2 和 H3，分别建立模型（5-3）和模型（5-4）：

$$Spread = a_0 + a_1 FV1 + a_2 Rating + a_3 Crash + a_4 Matur + a_5 Guara + a_6 Soe$$
$$+ a_7 Select + a_8 Lev + a_9 Roe + a_{10} Size + a_{11} Inhr + a_{12} Tural \quad (5\text{-}3)$$
$$+ a_{13} Age + a_{14} Grow + a_{15} Big4 + a_{16} Dific + \sum Year + \varepsilon$$

$$Spread = a_0 + a_1 FV23 + a_2 Rating + a_3 Crash + a_4 Matur + a_5 Guara + a_6 Soe$$
$$+ a_7 Select + a_8 Lev + a_9 Roe + a_{10} Size + a_{11} Inhr + a_{12} Tural \quad (5\text{-}4)$$
$$+ a_{13} Age + a_{14} Grow + a_{15} Big4 + a_{16} Dific + \sum Year + \varepsilon$$

在模型（5-3）和模型（5-4）中，研究层次对债券信用利差的影响，主要的解释变量为 $FV1$ 和 $FV23$，$FV1$ 代表第一层次公允价值计量项目占比，$FV23$ 代表第二、第三层次公允价值计量项目占比，根据前文的分析，预测第一层次公允价值会带来正面积极的会计信息，因而能降低债券的信用利差，从而对债券的信用利差产生负向影响，而第二、第三层次会带来消极负面的会计信息，因而会提高债券信用利差，从而对债券信用利差带来正向影响。

最后，在实证分析中，利用 Stata 15.1 基于上述模型和数据进行双向固定效应的回归，在稳健性检验中同时采用多种稳健性方法做验证，以上模型中变量的定义保持不变。

5.4 实证分析

5.4.1 描述性统计

表 5-3 呈现经筛选后样本的描述性统计的结果。被解释变量债券信用利差的均值为 1.8573，说明相较于同期且同期限的国债，公司债券的票面利率包含一定的风险溢价，其中，债券信用利差（$Spread$）最大值为 4.9176，最小值为 0.3535，说明对比国债的发行利率，公司债券的发行利率还是有较大差异，其中所承载的风险溢价也不相同，但是公司债券在一般情况下都包含高于国债的风险溢价。用来衡量公允价值变动的解释变量 $Fvgl$ 的最大值约为 1.0659，最小值仅为 –1.0729，均值约为 0.0081，说明公允价值变动损益的占比所反映的公允价值披露水平整体上不高，表明多数企业仍然持有谨慎态度，披露程度也不高，公允价值的计量模式还需要继续推行和深入。$Fvgl$ 的均值为 0.0081，为正数，表明公允价值在某种程度上还是增加了企业的利润，使得企业的会计信息更加准确和公允。

债券特征方面：将债券信用评级（$Rating$）进行量化予以考核，分值越高，表示债券信用等级越高，债券信用评级的平均数为 3.4805，表示多数债券的信用评级在 AA+~AAA 之间，信用情况良好，侧面反映我国债券信用评级整体状况较好，不同债券的信用评级区分度不高；发债规模（$Crash$）的平均数为 20.9435；本次债券期限（$Matur$）的最大值为 10.0000，最小值为 1.0000，表示样本中公司债券发行期限在 1 年至 10 年，平均数为 4.1119，平均发行年限为 4 年；债券担保（$Guara$）的平均数为 0.1208，体现出多数公司债券是没有提供债券担保的。

公司特征方面：产权性质（Soe）的平均数为 0.3031，表明多数发行公司债券的企业为非国有企业；偿债能力——资产负债率（Lev）的最大值为 0.9281，最小值为 0.0582，表明样本中的发债实体的偿债能力差异较大，说明此次研究在样本选择上具有代表性，兼顾了不同规模的企业，保证研究结果具有普遍意义；机构投资者（$Inhr$）的最大值为 55.2152，最小值为 0.0379，悬殊较大，机构投资者也能侧面反映企业的投资价值和相对稳定程度；公司年龄（Age）的最小值为 11.0000，最大值为 41.0000，平均值近似 23.0000，体现发行公司债券的公司存续时间较长，展现了一定的可持续发展能力。

表 5-3　全样本的描述性统计分析

Variables	N	Min	Max	Mean	P50	Sd
Spread	795	0.3535	4.9176	1.8573	1.5169	1.1449
Fvgl	795	−1.0729	1.0659	0.0081	0.0001	0.1997
FV1	795	0.0000	14.3406	1.0425	0.0941	2.2683
FV23	795	0.0000	28.6451	2.8153	0.3364	5.5682
Rating	795	1.0000	4.0000	3.4805	4.0000	0.7615
Crash	795	17.7275	23.4959	20.9435	20.9856	0.8972
Matur	795	1.0000	10.0000	4.1119	4.0000	1.2947
Guara	795	0.0000	1.0000	0.1208	0.0000	0.3260
Soe	795	0.0000	1.0000	0.3031	0.0000	0.4599
Select	795	0.0000	1.0000	0.4642	0.0000	0.4990
Lev	795	0.0582	0.9281	0.5543	0.5745	0.1821
Roe	795	−0.2430	0.3248	0.0623	0.0565	0.0710
Size	795	21.5510	26.9056	24.5300	24.5977	1.3481
Inhr	795	0.0379	55.2152	8.6428	6.5146	8.6084
Tural	795	0.0000	1.0000	0.3572	0.0000	0.4580
Age	795	11.0000	41.0000	22.7547	23.0000	5.9514
Grow	795	−0.6085	3.7818	0.1959	0.1016	0.3649
Big4	795	0.0000	1.0000	0.3590	0.0000	0.4776
Dific	795	0.0000	1.0000	0.5509	1.0000	0.4997

5.4.2　相关性分析

回归分析时，若有多重共线性问题，就会给实证结果带来预料不到的不良影响。相关性分析被用来初步判断各变量之间是否存在相关关系，为下一步的回归分析做准备；还可以用来识别可能存在的多重共线性问题，对控制变量做进一步的筛选。表 5-4 报告了检验结果。解释变量 *Fvgl*、*FV1*、*FV23* 与被解释变量

表 5-4 相关性分析

	Spread	Fvgl	FV1	FV23	Rating	Crash	Matur	Guara	Soe	Select	Lev	Roe	Size	Inhr	Tural	Age	Grow	Big4	Dific
Spread	1																		
Fvgl	-0.115***	1																	
FV1	-0.231***	0.045	1																
FV23	0.091***	-0.015	0.593***	1															
Rating	-0.489***	0	0.196***	0.246***	1														
Crash	-0.478***	0.085**	0.382***	0.309***	0.441**	1													
Matur	-0.135***	0.062*	-0.193***	-0.228***	-0.126***	-0.003	1												
Guara	0.224***	-0.015	-0.139***	-0.121***	-0.006	-0.302***	0.093***	1											
Soe	-0.405***	-0.029	0.054	0.053	0.407***	0.296***	-0.02	-0.110***	1										
Select	0.052	-0.008	0.044	0.05	0.108***	-0.002	-0.101***	0.027	0.006	1									
Lev	-0.013	0	0.311***	0.292***	0.150***	0.315***	-0.024	-0.048	-0.066*	0.003	1								
Roe	-0.156***	0.032	0.056	0.066*	0.131***	0.180***	0.112***	-0.107***	0.002	-0.049	0.151***	1							
Size	-0.379***	-0.008	0.431***	0.407***	0.599***	0.704***	-0.165***	-0.393***	0.399***	0.051	0.455***	0.167***	1						
Inhr	-0.003	0.011	0.001	0.064*	0.045	0.065*	0.023	-0.093***	-0.051	-0.009	0.090***	0.101***	0.138***	1					
Tural	0.031	-0.042	0.039	-0.014	-0.151***	0.068*	0.143***	-0.037	-0.003	-0.02	0.035	0	-0.018	0.079**	1				
Age	0.084**	-0.060*	-0.035	0.067*	-0.046	0.039	0.079**	0.002	-0.136***	-0.042	0.181***	0.175***	0.009	0.125***	0.05	1			
Grow	0.089**	-0.045	-0.014	-0.041	-0.216***	-0.019	0.083**	-0.027	-0.124***	-0.087**	0.093***	0.109***	-0.067*	0.072**	0.02	0.054	1		
Big4	-0.270***	-0.045	0.316***	0.312***	0.370***	0.353***	-0.107***	-0.224***	0.255***	0.092***	0.166***	0.003	0.545***	0.103***	0.066*	-0.134***	-0.116*	1	
Dific	-0.164***	-0.074**	0.123***	0.093***	0.218***	0.159***	-0.150***	-0.123***	0.183***	-0.002	0.006	-0.02	0.182***	0.051	0.084***	-0.091***	0.101***	0.166***	1

注：***、**、*分别表示在1%、5%和10%水平上显著。

Spread 之间存在显著的相关关系。其中，Fvgl 的系数 –0.115 在 1% 的水平上显著为负，符合预期，初步判断公允价值变动损益与债券溢价之间存在负相关关系。FV1 的系数 –0.231 在 1% 的水平上显著为负，判断为公允价值分层计量中的第一层次与债券信用利差存在负相关关系，符合预期。FV23 的系数 0.091 在 1% 的水平上显著为正，初步认定公允价值分层计量中的第二、第三层次与债券信用利差正相关，同样符合预期。另外，其他变量之间的相关性系数绝对值较小，多重共线性的问题较轻。

选取常用的方差膨胀因子法即 VIF 法对各变量间的多重共线性进行检验。通常情况下，当 VIF 值在 10 以上时，可以初步判断存在多重共线性，而 VIF 值在 10 以下，多重共线性的问题较轻。表 5-5 为 VIF 检验结果，从表中可以看出，各变量的 VIF 数值都在 5 以下，因此，模型中的变量多重共线性的问题较轻。

表 5-5　VIF 检验结果

Variables	VIF	1/VIF
Fvgl	1.05	0.953970
FV1	1.76	0.567659
FV23	1.69	0.591684
Rating	2.16	0.463862
Crash	2.19	0.456254
Matur	1.18	0.846191
Guara	1.43	0.701540
Soe	1.44	0.693392
Select	1.26	0.791528
Lev	1.60	0.625923
Roe	1.13	0.882810
Size	4.73	0.211478
Inhr	1.09	0.914593
Tural	1.11	0.900726
Age	1.14	0.873980
Grow	1.15	0.866553

续表

Variables	VIF	1/VIF
Big4	1.57	0.635620
Dific	1.13	0.882810
Mean VIF	1.59	

5.4.3 回归分析

（1）公允价值变动与债券信用利差

表 5-6 报告了模型（5-2）的回归结果，公允价值变动损益（$Fvgl$）的回归系数值为 –0.1760，在 10% 的水平上显著为负，和相关性分析的结果一致，表示公允价值变动损益对公司债券信用利差（$Spread$）产生显著的负向影响，与预期结果相符，发债公司的公允价值变动损益的占比越高，其发行债券的信用利差越低，即债券融资成本越低，H1 得到验证。

控制变量中，部分变量符号符合预期且存在显著的相关性，如：债券信用评级（$Rating$）与债券信用利差存在负相关，债券信用评级越高，债券信用利差越低，符合之前学者的研究结果，但是显著性较弱，侧面反映我国债券信用评级的区分度不大，大量的债券评级集中在 AA+~AAA；择时发行（$Select$）与债券信用利差存在 5% 水平上的正相关，符合预期，初步可以判断选择在报表发布的期间发行债券的企业可能存在为提高现金流而付出高额债券融资成本的代价；资产负债率（Lev）在 1% 的水平上与债券信用利差显著正相关，表明企业的偿债能力越弱，发行的公司债券信用利差越高，符合一般的经济意义；机构投资者（$Inhr$）在 1% 的水平上与债券信用利差显著负相关，表示发债公司的机构投资者越多，作为"知识型"投资者的数量越多，则该公司的稳定性与可靠性越强，相对的债券信用利差越低。

表 5-6　公允价值变动损益与债券信用利差

Variables	模型（5-2） Spread
Fvgl	−0.1760*
	(0.103)
Rating	−0.0139
	(0.0829)
Crash	0.0269
	(0.0363)
Matur	−0.0365**
	(0.0168)
Guara	−0.1710
	(0.1360)
Soe	0.0861
	(0.1440)
Select	0.0841**
	(0.0397)
Lev	2.0640***
	(0.4980)
Roe	0.2810
	(0.4980)
Size	0.1200
	(0.1560)
Inhr	−0.0309***
	(0.0060)
Tural	0.1210***
	(0.0539)
Age	0.0028
	(0.0474)
Grow	−0.147*
	(0.0843)

续表

Variables	模型（5-2）
	Spread
Big4	0.383**
	(0.0158)
Dific	0.0395
	(0.0937)
Constant	−0.533
	(3.7900)
年份	控制
ID	控制
Observations	795
Number of ID	305
R-squared	0.457

注：括号内是标准误；***、**、*分别表示在1%、5%和10%水平上显著。

（2）公允价值分层计量与债券信用利差

为验证 H2 和 H3，对全样本分别按照模型（5-3）和模型（5-4）进行检验，由此得出的回归结果见表 5-7 的第二列和第三列。表 5-7 第二列报告了模型（5-3）中公允价值分层计量第一层次（FV1）与 Spread 的回归系数为 −0.0670，符号与预期一致，并且在 5% 的置信水平上与 Spread 显著负相关，H2 得到验证，即第一层次公允价值计量项目占比越高，债券信用利差越低，债券的融资成本因此更低。表 5-7 第三列报告了公允价值第二、第三层次（FV23）与 Spread 的回归系数为 0.0159，符号与公允价值第一层次的符号相反，与预期相符，表示第二、第三层次公允价值计量项目的占比越高，债券信用利差越大，债券融资成本越高。从表 5-7 中可以看出，第一层次公允价值计量项目占比（FV1）和第二、第三层次公允价值计量项目占比（FV23）的不同意义，它们向投资者传递出意义相反的信号，在可靠性和透明度问题上，第一层次公允价值计量项目占比无疑高于第

二、第三层次公允价值计量项目占比,所以第一层次公允价值计量项目占比对债券信用利差是负向影响,而第二、第三层次是正向影响,相对而言,投资者更愿意信赖第一层次公允价值计量项目占比所产生的信息,愿意接受相对较低的债券收益率以换取较低的风险。

表 5-7 公允价值分层计量与债券信用利差

Variables	模型(5-3) Spread	模型(5-4) Spread
FV1	−0.0670**	
	(0.0291)	
FV23		0.0159**
		(0.0069)
Rating	−0.0175	−0.0026
	(0.0828)	(0.0828)
Crash	0.0104	0.0157
	(0.0354)	(0.0354)
Matur	−0.0357**	−0.0359**
	(0.0168)	(0.0168)
Guara	−0.203*	−0.2000
	(0.1370)	(0.1370)
Soe	0.0453	0.0434
	(0.1440)	(0.1440)
Select	0.0902**	0.0853**
	(0.0395)	(0.0395)
Lev	2.1050***	1.946***
	(0.4960)	(0.5000)
Roe	0.3710	0.2390
	(0.4960)	(0.4970)

续表

Variables	模型（5-3）Spread	模型（5-4）Spread
Size	0.1100	0.1540
	(0.1550)	(0.1570)
Inhr	−0.0302***	−0.0296***
	(0.0060)	(0.0060)
Tural	0.1060**	0.117**
	(0.0539)	(0.0537)
Age	0.0041	−0.0034
	(0.0472)	(0.0472)
Grow	−0.1210**	−0.1430*
	(0.0827)	(0.0833)
Big4	0.387**	−0.3760**
	(0.1580)	(0.1580)
Dific	0.0188	−0.0562
	(0.0941)	(0.0937)
Constant	−0.2820	−1.0960
	(3.7630)	(3.7990)
年份	控制	控制
ID	控制	控制
Observations	795	795
Number of ID	305	305
R-squared	0.460	0.460

注：括号内是标准误；***、**、* 分别表示在1%、5%和10%水平上显著。

5.4.4 稳健性检验

为了证明本研究的结论不是出于偶然，而是具有稳健性，进行如下四个角度的检验：替换被解释变量、剔除金融行业、Tobit 混合回归及滞后一期的回归检验。

（1）替换被解释变量

将债券票面利率（CR）替换被解释变量信用利差（Spread），对全样本进行再次回归，回归结果与上文中的主回归结果是一致的。在这种方法中，公允价值变动和第一层次公允价值信息能够显著降低债券信用利差，而第二、第三层次公允价值信息会显著增加债券信用利差。表 5-8 展示了上述方法的回归结果。

表 5-8　公允价值与 CR 的稳健性回归

Variables	模型（5-2）CR	模型（5-3）CR	模型（5-4）CR
Fvgl	−0.2290**		
	(0.1100)		
FV1		−0.0951***	
		(0.0356)	
FV23			0.0149**
			(0.0073)
Rating	−0.0465	−0.0328	−0.0183
	(0.0869)	(0.0861)	(0.0865)
Crash	−0.0135	−0.0136	−0.0112
	(0.0369)	(0.0368)	(0.0369)
Matur	0.0191	0.0193	0.0186
	(0.0175)	(0.0174)	(0.0175)
Guara	−0.0875	−0.1480	−0.1280
	(0.1420)	(0.1430)	(0.1430)

续表

Variables	模型（5-2） CR	模型（5-3） CR	模型（5-4） CR
Soe	0.0624	0.0276	0.0476
	(0.1500)	(0.1510)	(0.1510)
Select	0.0953**	0.0952**	0.0883**
	(0.0413)	(0.0411)	(0.0413)
Lev	2.1670***	2.059***	1.9400***
	(0.5200)	(0.5160)	(0.5220)
Roe	0.1810	0.2180	0.1140
	(0.5180)	(0.5160)	(0.5190)
Size	0.1360	0.1620	0.1850
	(0.1620)	(0.1620)	(0.1640)
Inhr	−0.0250***	−0.0246***	−0.0245***
	(0.0063)	(0.0062)	(0.0063)
Tural	0.1630***	0.1400**	0.1530***
	(0.0563)	(0.0561)	(0.0561)
Age	0.0140	0.0098	0.0112
	(0.0493)	(0.0492)	(0.0493)
Grow	−0.1370	−0.1430*	−0.1670*
	90.0865）	(0.0861)	(0.0869)
Big4	−0.4520***	−0.4800***	−0.491***
	(0.1650)	(0.1640)	(0.1650）
Dific	−0.0898	−0.0327	−0.0770
	(0.0984)	(0.0981)	(0.0978)
Constant	3.5350	3.4160	2.5240
	(3.9290)	(3.9170)	(3.967)

续表

Variables	模型（5-2）	模型（5-3）	模型（5-4）
	CR	CR	CR
年份	控制	控制	控制
ID	控制	控制	控制
Observations	795	795	795
Number of ID	305	305	305
R-squared	0.6920	0.6940	0.692

注：括号内是标准误；***、**、*分别表示在1%、5%和10%水平上显著。

（2）剔除金融行业

考虑到金融行业的特殊性，从全样本中剔除金融行业后再次进行稳健性检验，回归结果与以上一致，依然不改变研究结论。表5-9报告了模型（5-2）、模型（5-3）、模型（5-4）的稳健性回归结果。

表5-9 剔除金融行业后的稳健性回归结果

Variables	模型（5-2）	模型（5-3）	模型（5-4）
	Spread	Spread	Spread
Fvgl	−0.4500***		
	(0.1240)		
FV1		−0.1540*	
		(0.1110)	
FV23			0.0319***
			(0.0101)
Rating	−0.1180	−0.0858	−0.0700
	(0.0969)	(0.0975)	(0.0963)
Crash	0.0304	0.0241	0.0341
	(0.0431)	(0.0436)	(0.0430)

续表

Variables	模型（5-2） Spread	模型（5-3） Spread	模型（5-4） Spread
Matur	−0.0513**	−0.0556***	−0.0530***
	(0.0202)	(0.0207)	(0.0202)
Guara	−0.1510	−0.1120	−0.1880
	(0.1620)	(0.1640)	(0.1620)
Soe	0.0358	0.0292	0.0320
	(0.1910)	(0.1960)	(0.1920)
Select	0.0954*	0.0754	0.0826*
	(0.0486)	(0.0497)	(0.0487)
Lev	1.9130*	1.7560***	1.4230**
	(0.5570)	(0.6050)	(0.5640)
Roe	−0.4960	0.4370	−0.5570
	(0.4590)	(1.4330)	(0.5530)
Size	0.0416	−0.0415	0.1280
	(0.1730)	(0.1770)	(0.1740)
Inhr	−0.0285***	−0.0285***	−0.0270***
	(0.0065)	(0.0067)	(0.0066)
Tural	0.2110***	0.1640**	0.1700***
	(0.0629)	(0.0638)	(0.0624)
Age	−0.0380	−0.0246	−0.0392
	(0.0515)	(0.0509)	(0.0510)
Grow	−0.7410**	−0.0683	−0.6520**
	(0.3020)	(0.0618)	(0.3020)
Big4	−0.1210	−0.3560	−0.3980
	(0.3370)	(0.3320)	(0.3270)

续表

Variables	模型（5-2） Spread	模型（5-3） Spread	模型（5-4） Spread
Difc	0.0235	0.0573	0.0523
	(0.1100)	(0.1140)	(0.1100)
Constant	1.9160	3.1540	0.2770
	(4.2090)	(4.2970)	(4.2390)
年份	控制	控制	控制
ID	控制	控制	控制
Observations	650	650	650
Number of ID	272	272	272
R-squared	0.491	0.465	0.486

注：括号内是标准误；***、**、* 分别表示在 1%、5% 和 10% 水平上显著。

（3）Tobit 混合回归

在主模型中使用了双向固定效应模型，在稳健性检验中采用 Tobit 聚类稳健标准误的混合回归方程。表 5-10 报告了回归结果，结果是类似的。$Fvgl$ 和 $FV1$ 的系数显著为负，$FV23$ 的系数显著为正，H1、H2 和 H3 分别通过稳健性检验。表 5-10 报告了 Tobit 混合回归下，模型（5-2）、模型（5-3）和模型（5-4）的回归结果。

表 5-10 Tobit 混合回归

Variables	模型（5-2） Spread	模型（5-3） Spread	模型（5-4） Spread
Fvgl	−0.319**		
	(0.15630)		
FV1		−0.0828***	
		(0.0161)	

续表

Variables	模型（5-2）Spread	模型（5-3）Spread	模型（5-4）Spread
FV23			0.0101*
			(0.0061)
Rating	−0.6010***	−0.6250***	−0.5990***
	(0.5760)	(0.0571)	(0.0591)
Crash	−0.4310***	−0.4100***	−0.4960***
	(0.0495)	(0.0491)	(0.0499)
Matur	−0.1470***	−0.1710***	−0.1630**
	(0.0247)	(0.0247)	(0.0224)
Guara	0.6620***	0.7050***	0.6380***
	(0.1100)	(0.1090)	(0.1120)
Soe	−0.4860***	−0.524***	−0.5090***
	(0.0778)	(0.0774)	(0.0799)
Select	0.1740**	0.1790***	0.1960***
	(0.0676)	(0.0668)	(0.0692)
Lev	0.2240	0.3380	0.1340
	(0.2080)	(0.2070)	(0.2140)
Roe	−0.9350**	−0.9410**	−0.1263***
	(0.4490)	(0.4440)	(0.4580)
Size	0.2180***	0.2610***	0.2610***
	(0.0478)	(0.0477)	(0.0488)
Inhr	0.0020	0.0001	0.0011
	(0.0036)	(0.0036)	(0.0037)
Tural	0.0300	0.0447	0.0152
	(0.0368)	(0.0363)	(0.0375)

续表

Variables	模型（5-2） Spread	模型（5-3） Spread	模型（5-4） Spread
Age	0.0094*	0.0093*	0.0090*
	(0.0054)	(0.0053)	(0.0054)
Grow	0.0113	0.0319	0.0104
	(0.1020)	(0.1010)	(0.1050)
Big4	−0.1810**	−0.1210	−0.1960**
	(0.0778)	(0.0775)	(0.0806)
Dific	−0.0568	−0.0225	0.0001
	(0.0640)	(0.0631)	(0.0650)
Constant	8.483***	7.129***	8.8081***
	(1.2700)	(1.2870)	(1.3120)
年份	控制	控制	控制
ID	控制	控制	控制
Observations	795	795	650
Number of ID	305	305	272
R-squared	0.1948	0.2021	0.1780

注：括号内是标准误；***、**、*分别表示在1%、5%和10%水平上显著。

（4）滞后一期回归分析

考虑到影响公司债券信用利差的因素——公司特征方面，可能存在滞后性的问题，为了使得研究结论更加稳健，使用发债前一年该公司的财务数据再次与该公司债券的信用利差进行稳健性检验，回归结果仍然支持上文结论。表5-11报告了该回归结果。

表 5-11 滞后一期回归分析

Variables	模型（5-2） Spread	模型（5-3） Spread	模型（5-4） Spread
Fvgl	−0.5100*		
	(0.2700)		
FV1		−0.0526**	
		(0.0234)	
FV23			0.0331*
			(0.0096)
Rating	0.1230	0.1040	0.1260
	(0.0877)	(0.0878)	(0.0898)
Crash	−0.0166	−0.0148	−0.0181
	(0.0369)	(0.0368)	(0.0371)
Matur	−0.0092	−0.0067	−0.0099
	(0.0176)	(0.0176)	(0.0178)
Guara	−0.2810*	−0.2940*	−0.3050*
	(0.1540)	(0.1540)	(0.1560)
Soe	−0.0615	−0.0795	−0.0780
	(0.1400)	(0.1400)	(0.1410)
Select	0.0536	0.0427	0.0484
	(0.0395)	(0.0394)	(0.0395)
Lev	1.6460***	1.5510***	1.6310***
	(0.3640)	(0.3650)	(0.3660)
Roe	1.4990	1.4710	0.4980
	(1.8670)	(1.8360)	(1.7980)

续表

Variables	模型（5-2） Spread	模型（5-3） Spread	模型（5-4） Spread
Size	0.3390***	0.3750***	0.3320***
	(0.1070)	(0.1080)	(0.1090)
Inhr	−0.0902	−0.0786	−0.1190
	(0.1750)	(0.1750)	(0.1750)
Tural	0.1650	0.1370	0.1530
	(0.1020)	(0.1010)	(0.1040)
Age	−0.0513	−0.0562	−0.0551
	(0.0458)	(0.0456)	(0.0460)
Grow	0.0742	0.0759	0.0701
	(0.0514)	(0.0513)	(0.0518)
Big4	−0.3230**	−0.2740*	−0.3030*
	(0.1640)	(0.1640)	(0.1650)
Difc	−0.0089	−0.0102	−0.0192
	(0.0865)	(0.0863)	(0.0867)
Constant	−4.8220*	−5.609**	−4.5670*
	(2.591)	(2.6170)	(2.6270)
年份	控制	控制	控制
ID	控制	控制	控制
Observations	655	655	655
Number of ID	249	249	249
R-squared	0.424	0.426	0.419

注：括号内是标准误；***、**、* 分别表示在1%、5%和10%水平上显著。

5.4.5 进一步分析

公允价值计量项目对债券信用利差的影响效应，不仅取决于公允价值计量项目理论的规范程度，还取决于实践者的执行情况。面对不同外部审计压力的企业，或是有着特殊产权性质的企业，管理者遵照准则的执行力度会有所不同，从而导致财务报表信息的质量和透明度存在差异，公允价值计量项目的信息对债券信用利差的影响效应也会有所不同。所以，有必要针对不同的审计质量和产权性质进行分组分析，考察在特定的产权性质和特定的审计质量下，公允价值分层计量项目和债券信用利差的关系。在分组检验过程中，由于分组之后子样本数据量较少，公司年龄（Age）在模型中出现共线性，因此将该控制变量从模型中去除，其余变量保持不变。

（1）基于产权性质分组的回归分析

已有研究表明，国有企业因承担了大量的政策性负担，有动机要求政府给予融资等方面的优惠，政府也在我国经济转型时期为其直接或间接融资行为提供隐性担保。由于国有企业一直以来存在着"国企信仰"的光环，债券投资者通常会对国有企业产生更好的印象，对国有企业持有较高的信心，认为国有企业能获得较多的政策支持以及隐性担保，所以国有企业更具稳定性，发生违约的风险较低，即便发生违约行为，也有政府兜底，因此，债券投资者要求较低的风险溢价，进而使得国有企业付出较低的债券融资成本。

由于我国债券市场的建立和发展更多的是依赖国家行政干预而非市场基础，我国债券市场是国有企业融资与解困的主要途径之一。如果国有企业违约，政府会通过协调银行资金的措施对企业进行救助，从而减少债权人的利益损失（Chen等，2020）。国有企业具备了政府作为隐性担保人的市场地位，使其发行的债券具有低于非国有企业风险的可能。因此，我国债券市场上的债券投资者普遍存在"国企信仰"这一特殊情结，在通常情况下相对于国企（或非国企），这一信息变量对于债券信用利差的影响是负向（或正向）的。

基于以上推理，预期国有企业与非国有企业相比，公允价值变动损益的占比越高，其对债券信用利差的负向影响越大；公允价值第一层次计量项目的占比越高，其对债券信用利差的负向影响越大；而在非国有企业中，公允价值第二、第三层次计量项目的占比越高，其对债券信用利差的正向影响越大。

①公允价值变动损益对债券信用利差的影响

表5-12报告了对H1进行产权性质分组回归的结果，第二列展示了在国有企业下，公允价值变动损益对债券信用利差的影响，第三列展示的是非国有企业下的结果。在国有企业样本中，公允价值变动损益的占比（$Fvgl$）的系数为–0.1170，非国有企业中$Fvgl$的系数为–0.0107，符号预期为负，表明在国有企业和非国有企业的子样本中，公允价值变动损益都能够降低债券信用利差，但是回归结果不具有显著性，表明产权性质并不是公允价值变动损益对债券信用利差影响的关键因素。无论是国有企业还是非国有企业，投资者都会关注公允价值变动损益，公允价值变动损益的占比越高，债券信用利差越低，但这不是投资者愿意接受更低风险溢价的关键因素，因此不具有统计上的显著性。

表5-12 产权性质分组下公允价值变动损益与债券信用利差

Variables	国有企业	非国有企业
	Spread	Spread
$Fvgl$	–0.1170	–0.0107
	(0.1270)	(0.0408)
$Rating$	–1.3950***	–0.0593
	(0.2990)	(0.1000)
$Crash$	0.0613	–0.0303
	(0.0402)	(0.0407)
$Matur$	0.0314**	–0.1260***
	(0.0128)	(0.0303)
$Guara$	0.2430*	–0.249*
	(0.1850)	(0.1680)
$Select$	0.0278	0.0832
	(0.0344)	(0.0597)

续表

Variables	国有企业 Spread	非国有企业 Spread
Lev	0.5800	2.750***
	(0.7020)	(0.0670)
Roe	1.1300	0.9770
	(0.7210)	(1.8910)
Size	0.3530	(−0.1360)
	(0.3310)	(0.1820)
Inhr	−0.0030	−0.0347***
	(0.0115)	(0.0074)
Tural	0.1420	0.0639
	(0.1020)	(0.0700)
Grow	0.0043	−0.212**
	(0.0330)	(0.1030)
Big4	−0.1810*	0.0057***
	(0.1030)	(0.0020)
Dific	−0.0202	0.3650***
	(0.1150)	(0.1400)
Constant	−2.506	5.8560
	(8.476)	(4.3320)
年份	控制	控制
ID	控制	控制
Observations	241	554
Number of ID	62	248
R-squared	0.690	0.488

注：括号内是标准误；***、**、* 分别表示在1%、5%和10%水平上显著。

②公允价值分层计量对债券信用利差的影响

表 5-13 报告了对 H2 和 H3 进行产权性质分组回归的结果，其中第二列和第三列展示了第一层次公允价值在产权性质的影响下对债券信用利差的影响，其中国有企业样本中，第一层次公允价值计量项目占比（$FV1$）的系数为 -0.0618，在 1% 水平上显著为负，表明在国有企业中，第一层次公允价值计量项目占比越高，债券信用利差越低，符合假设预期；在非国有企业样本中，第一层次公允价值计量项目占比的系数为 -0.0222，并不能显著影响债券信用利差。说明在"国企信仰"的光环下（该信息变量对信用利差是负向影响），再叠加公允价值计量第一层次项目占比越多的新增信息（对信用利差也是负向影响）后，良好的控制环境结合更高的信息质量，是能够显著降低债券信用利差的；反之，在非国有企业的背景下（该信息变量对信用利差是正向影响），再冲减公允价值计量第一层次项目占比越多的新增信息（对信用利差是负向影响），该类非国有企业的债券利差变化就不确定了，因为这两者对信用利差的影响是抵销效应的。表 5-13 的回归分析也表明，在非国有企业的环境中，第一层次公允价值信息不再能够显著降低债券的信用利差，所以在非国有企业中，$FV1$ 的负向影响受到抵销，变得不显著了。

表 5-13 的第四列和第五列展示了第二、第三层次公允价值计量项目在产权性质的分组下对债券信用利差的影响，与 $FV1$ 的结果相反，国有企业样本中，$FV23$ 的系数为 0.0086，不具有统计上的显著性，而在非国有企业的样本中，$FV23$ 的系数为 0.0221，在 5% 的水平上显著为正，同样符合预期。表明在"国企信仰"的光环下（该信息变量对信用利差是负向影响），再冲减公允价值计量第二、第三层次项目占比越多的新增信息（对信用利差是正向影响）后，该类国企的债券利差变化就不确定了，因为这两者对信用利差的影响是相互抵销效应的，因此，第二、第三层次原本在全样本中会增加信用利差，而在国有企业中，却不会对信用利差显著增加。反之，在非国有企业的背景下（该信息变量对信用利差是正向影响），再叠加公允价值计量第二、第三层次项目占比越多的新增信息（对信用利差也是正向影响）后，该类非国有企业的系数是显著的。

表 5-13 产权性质分组下公允价值分层计量与债券信用利差

Variables	模型（5-3）国有企业 Spread	模型（5-3）非国有企业 Spread	模型（5-4）国有企业 Spread	模型（5-4）非国有企业 Spread
FV1	−0.0618***	−0.0222		
	(0.0239)	(0.0472)		
FV23			0.0086	0.0221**
			(0.0076)	(0.0091)
Rating	−1.4970***	−0.0581	−1.4020***	−0.0653
	(0.2940)	(0.1010)	(0.2960)	(0.0986)
Crash	0.0439	0.0011	0.0654	0.0331
	(0.0394)	(0.0462)	(0.0396)	(0.0446)
Matur	0.0290**	−0.1290***	0.0316**	−0.1270***
	(0.0127)	(0.0303)	(0.0126)	(0.0295)
Guara	0.2140	−0.4000**	0.1440	−0.360*
	(0.1850)	(0.1680)	(0.1830)	(0.1680)
Select	0.0469	0.0705	0.0312	0.0744
	(0.0344)	(0.0596)	(0.0338)	(0.0583)
Lev	1.036	2.5270***	0.7360	2.2180***
	(0.6790)	(0.6370)	(0.7270)	(0.6330)
Roe	1.435***	0.3890	0.9000	−0.2770
	(0.7180)	(0.6390)	(0.7480)	(0.4850)
Size	0.0832	−0.0404	0.3870	−0.0234
	0.3120	(0.1900)	(0.3540)	(0.1820)
Inhr	0.0006	−0.0358***	0.0129	−0.0351***
	(0.0112)	(0.0072)	(0.0118)	(0.0071)

续表

Variables	模型（5-3） 国有企业 Spread	模型（5-3） 非国有企业 Spread	模型（5-4） 国有企业 Spread	模型（5-4） 非国有企业 Spread
Tural	0.1370	0.0612	0.2150**	0.0661
	(0.0952)	(0.0700)	(0.0976)	(0.0688)
Grow	0.1580	−0.2230***	−0.5740***	−0.925***
	(0.1330)	(0.1040)	(0.2110)	(0.2910)
Big4	−0.172*	0.7880*	−0.2270**	−0.8110*
	(−0.1010)	(0.4250)	(0.0994)	(0.4120)
Dific	−0.0891	0.0892***	0.0751	−0.0931
	(0.1190)	(0.0284)	(0.1140)	(0.1220)
Constant	4.6770	4.5940	−3.6470	3.7450
	(8.0160)	(4.4400)	(9.0470)	(4.3300)
年份	控制	控制	控制	控制
ID	控制	控制	控制	控制
Observations	241	554	241	554
Number of ID	62	248	62	248
R-squared	0.705	0.4920	0.702	0.5090

注：括号内是标准误；***、**、*分别表示在1%、5%和10%水平上显著。

(2) 基于审计质量分组的回归分析

经由不同会计师事务所审计的企业面对的外部审计压力会不同，通常情况下，大家一致认为国际"四大"的审计质量较高，企业由此披露的会计信息的可靠性更加外显。潘俊等（2019）在研究政府债券定价问题时，发现政府审计的揭露效应能够有效降低政府债券的信用利差，且政府审计处理力度越强、落实效果越好，地方政府的信用利差越低。王芳等（2015）的研究发现当企业采用具有负面效应的担保方式时，独立审计能够作为一种补充机制以缓解企业与投资者之间的代理冲突。因为，无论是政府审计还是社会审计，审计质量越高，越能发现问题，提高效率，所以考虑到审计质量对政府债券的定价有显著的负向影响，那在公司债券中，是否也有类似的影响作用呢？因此，预测样本公司的审计质量越高，所提供的公允价值分层计量信息就越可靠，投资者便能获得更具预测价值的信息。接下来，将对"四大"审计的样本公司与"非四大"审计的样本公司分组研究，分别检验公允价值变动损益与公允价值分层计量对债券信用利差的影响，观察回归结果是否有新的变化。

①公允价值变动损益对债券信用利差的影响

表5-14报告了对H1进行产权性质分组回归的结果，在"四大"审计分组中，$Fvgl$的系数为-0.0094，在"非四大"审计分组中，$Fvgl$的回归系数为-0.2820在10%的水平上显著为负，回归结果符合预期，但显著性水平出现扭曲。通常认为，经"四大"会计师事务所审计的企业的会计信息更加可靠，而经"非四大"会计师事务所审计的企业的会计信息较之"四大"审计，可靠性较低，所以预期"四大"组的$Fvgl$系数应该呈显著负相关，而实际回归结果并不显著。然而在"非四大"分组中，$Fvgl$的系数是显著的，原因可能是，在我国的审计现状中，无论是"四大"还是"非四大"，审计结论大多是标准无保留的审计意见，因此传递给投资者的信号都是财务状况良好，信息真实可靠，而本研究因为发债数据有限，审计质量的差异度不高，导致审计质量的分组没有显著差异，而当未来发债数据更多，审计质量的监督体系也更加完善时，能否重新证明预期设想待于未来进一步验证，这也是未来研究的一个方向。

表5-14 审计质量分组下公允价值变动损益与债券信用利差

Variables	模型（5-2）	模型（5-3）
	"四大"审计	"非四大"审计
	Spread	Spread
$Fvgl$	-0.0094	-0.2820*
	(0.1630)	(0.1450)

续表

Variables	模型（5-2） "四大"审计 Spread	模型（5-3） "非四大"审计 Spread
Rating	0.8200***	−0.302***
	(0.1890)	(0.1140)
Crash	0.0245	0.0595
	(0.0426)	(0.0573)
Matur	−0.0318	−0.0496*
	(0.0201)	(0.0259)
Guara	−0.0798	−0.0811
	(0.2900)	(0.1810)
Soe	0.1080	0.5970
	(0.1230)	(0.5020)
Select	0.1040**	0.0177
	(0.0439)	(0.0660)
Lev	1.4230**	2.075***
	(0.8130)	(0.6900)
Roe	0.2540	0.4700
	(0.5660)	(0.6560)
Size	−0.0334	0.2900
	(0.3170)	(0.2120)
Inhr	−0.0241*	−0.0316***
	(0.0135)	(0.0076)
Tural	0.0437	0.2690***
	(0.0616)	(0.0930)

续表

Variables	模型（5-2）"四大"审计 Spread	模型（5-3）"非四大"审计 Spread
Grow	−0.0118	−0.2660**
	(0.1190)	(0.1400)
Difc	−0.4560***	0.0836
	(0.1590)	(0.1310)
Constant	−0.7040	−4.5150
	(7.5120)	(5.1190)
年份	控制	控制
ID	控制	控制
Observations	279	516
Number of ID	62	248
R-squared	0.630	0.440

注：括号内是标准误；***、**、* 分别表示在1%、5%和10%水平上显著。

②公允价值分层计量对债券信用利差的影响

表 5-15 报告了对 H2 和 H3 进行审计质量分组回归的结果，第二列和第三列报告了对模型（5-3）在审计质量分组下公允价值分层对债券信用利差的回归结果，其中在"四大"组，$FV1$ 的系数为 −0.0584，在 5% 的置信水平上显著为负，而"非四大"组，$FV1$ 的系数为 −0.0627，对信用利差负向影响但不具有显著性水平，回归结果符合预期。也就是说，当上市公司由优质且独立的第三方会计师事务所审计，从某种程度上说，"四大"会计师事务所及相关审计人员更加具备专业能力、专业素质及职业素养，上市公司的审计质量较高（该信息变量对信用利差是负向影响），在审计质量较高的前提下，上市公司为了自身声誉及债券融资对财务报表秉持更加谨慎的态度，披露较多第一层次公允价值信息（该信息变量对信用利差也是负向影响），使得第一层次公允价值信息的可靠

性更强，能够显著降低债券信用利差；而在"非四大"组，可能存在信息不可靠和不公允的风险（该信息变量对信用利差是正向影响），就会冲减第一层次公允价值信息对债券信用利差原本的负向影响，因此第一层次负向的影响在"非四大"组受到抑制，在此子样本中呈现不显著的回归结果，表明在"非四大"组，第一层次公允价值信息能够在一定程度上降低债券信用利差，但是效果并不显著。

第四列和第五列报告了模型（5-4）在审计质量分组下的公允价值分层对债券信用利差的回归结果，其中在"四大"组，$FV23$ 的系数为 0.0116，而在"非四大"组，$FV23$ 的系数为 0.0353，在 10% 的置信水平上呈显著正相关，回归结果符合预期假设。由于在"四大"组，信息质量更加有保障（该信息变量对信用利差是负向影响），因此削弱了 $FV23$ 对债券信用利差的正向影响，使得第二、第三层次公允价值信息在"四大"组效果不显著，说明"四大"组的高审计质量的控制环境发挥了正向作用；相反，在"非四大"组（该信息变量对信用利差是正向影响），$FV23$ 对债券信用利差是正向影响，并且对债券信用利差的效果仍然是显著的，表明在较为不可靠的审计质量的环境下，较为不可靠信息的 $FV23$ 与债券信用利差依然显著正相关。

表 5-15 审计质量分组下公允价值分层计量与债券信用利差

Variables	模型（5-3） "四大"审计 Spread	模型（5-3） "非四大"审计 Spread	模型（5-4） "四大"审计 Spread	模型（5-4） "非四大"审计 Spread
$FV1$	−0.0584**	−0.0627		
	(0.0268)	(0.1050)		
$FV23$			0.0116	0.0353*
			(0.0076)	(0.0516)
Rating	0.8130***	−0.1970*	0.693***	−0.2040*
	(0.1870)	(0.1100)	(0.2000)	(0.1150)

续表

Variables	模型（5-3）		模型（5-4）	
	"四大"审计	"非四大"审计	"四大"审计	"非四大"审计
	Spread	Spread	Spread	Spread
Crash	0.0157	0.0291	0.0272	0.5410
	(0.0425)	(0.0549)	(0.0416)	(0.0541)
Matur	−0.0291	−0.0529**	−0.0274	−0.0569**
	(0.0199)	(0.0260)	(0.0203)	(0.0258)
Guara	−0.1220	−0.0150	−0.0205	−0.1180
	(0.2850)	(0.1930)	(0.2930)	(0.1880)
Soe	0.0708	0.3710	0.0794	0.3150
	(0.1240)	(0.4900)	(0.1250)	(0.4910)
Select	0.1120**	0.0213	0.1060**	0.0196
	(0.0437)	(0.0664)	(0.0444)	(0.0652)
Lev	1.861**	2.1790***	0.9200	2.303***
	(0.8310)	(0.6870)	(0.8570)	(0.6870)
Roe	0.9960	0.9090	0.1050	0.5300
	(0.7980)	(0.7140)	(0.6170)	(0.6090)
Size	−0.2280	0.2740	0.1260	0.2720
	(0.3230)	(0.2110)	(0.3500)	(0.2040)
Inhr	−0.0232*	−0.0301***	−0.0238*	−0.0323***
	(0.0133)	(0.0076)	(0.0135)	(0.0076)
Tural	0.0229	0.2650***	0.0618	0.281***
	(0.0617)	(0.0940)	(0.0627)	(0.9333)
Grow	−0.0355	−0.2980***	−0.0084	−0.8560**
	(0.1130)	(0.1100)	(0.0620)	(0.3640)

续表

Variables	模型（5-3）		模型（5-4）	
	"四大"审计	"非四大"审计	"四大"审计	"非四大"审计
	Spread	Spread	Spread	Spread
Difc	−0.4440***	0.0030**	−0.430***	0.0952
	(0.1570)	(0.0015)	(0.1610)	(0.1290)
Constant	−4.3500	−3.827	−4.9240	−5.5640
	(7.6710)	(5.0850)	(8.2620)	(4.8650)
年份	控制	控制	控制	控制
ID	控制	控制	控制	控制
Observations	279	516	279	516
Number of ID	62	248	62	248
R-squared	0.6370	0.432	0.629	0.440

注：括号内是标准误；***、**、* 分别表示在1%、5%和10%水平上显著。

5.5 小结

从投资者和发债主体的角度，研究公允价值变动损益及公允价值分层计量对公司债券信用利差的影响。以信息不对称、信号传递理论、违约风险理论、委托代理理论等为基础，查阅公允价值变动损益、公允价值分层计量和债券融资成本的相关资料，罗列目前关于它们的优秀成果，在打牢理论基础之后提出三个相关假设。此前，尽管国内外学者关注到会计信息对债券信用利差的影响作用，国内还有一些关于会计信息在不同控制环境下对债券信用利差的影响研究，但是把公允价值计量项目与债券信用利差结合起来，国内尚没有相关的实证研究。因此，本研究弥补这一研究空白，探讨公允价值计量项目中的公允价值变动损益与公允价值分层计量在公司债券市场中的影响，并考察在不同控制环境下，公允价值分层计量对债券信用利差的影响有何不同。2014年，我国财政部发布CAS 39号准则，要求企业对特定项目进行公允价值分层计量与披露，因此确定样本时，选择从2014年至2019年在上海和深圳证券交易所发行公司债券的企业为研究样本，且限定公司债券的发行实体为有公允价值分层数据的上市公司。验证公允价值变动损益与公允价值分层计量对公司债券定价的关系，并验证不同控制环境下该影响的变化。为保证研究结果具有稳健性，还做了多重稳健性检验。主要研究结论如下。

第一，有关公允价值变动损益的占比与债券信用利差显著负相关，表明公允价值变动损益的占比越高，发行公司的债券信用利差越低。公允价值计量模式的引入，能够更加真实、客观、公允地反映资产和负债的变化，因为公允价值的实质就是"真实与公允观"。所以，公允价值变动损益的占比越高，表明该公司未来可能获得的会计利润越高，投资者能够感知到公司的未来业绩越好，偿债能力因此得到提升，在此基础上，发债公司存在较低风险溢价，因此债券信用利差较低，也就是融资成本较低。这表明公允价值变动损益的数据带来正面、积极的影响，是推行公允价值计量方法的一个很好的动因。

第二，关于公允价值分层计量项目对债券信用利差的影响研究表明，发行公司债券的上市公司披露第一层次公允价值计量项目占比越高（该信息具有较高的可靠性，能够减少债券投资者之间的信息不对称），对信用利差的负向影响越大，那么公司债券的发行价格就越低。发行公司债券的上市公司披露第二、第三层次公允价值计量项目占比越高，那么可靠性较差、不确定性较大的第二、第三层次公允价值会给投资者带来更大的信用风险，投资者由此要求的风险补偿也越高，则对信用利差的正向影响越大，体现在公司债券的发行价格就越高。结论符合预期假设，公允价值的不同层次信息的来源和内涵不同，隐藏风险的大小也不同，第一层次的公允价值是未经调整的输入值，因此它是最真实和公允的；第二层次的公允价值来源于相关资产和负债直接或间接观察到的输入值，因此它的真实性和公允性低于第一层次；第三层次的公允价值是不可观察输入值，而公司管理层具有更大的自由裁量权进行调整，因此第三层次公允价值信息蕴含的风险也越大。风险越大，投资者要求的风险补偿越高，因此债券信用利差会越大。

第三,有关不同控制环境的分组回归的结论如下。

有关产权性质的分组,公允价值变动损益在国有企业和非国有企业的样本中系数都为负,表明在产权性质的子样本中,公允价值变动损益的占比越高,越能降低公司债券信用利差,但是结果不具有统计学上的显著性;有关第一层次公允价值计量项目,国有企业由于具有政府作为隐性担保人的市场地位,其在债券市场上发行的债券具有显著低于非国有企业的风险溢价。反之,在非国有企业的背景下(该信息变量对信用利差是正向影响),再冲减公允价值计量第一层次项目占比越多的新增信息(对信用利差是负向影响),该类非国有企业的债券利差变化就不确定了,因为这两者对信用利差的影响方向是相互抵销的;有关第二、第三层次公允价值计量项目,由于投资者有着"国企信仰",这使得国有企业(或非国有企业)这一信息变量对债券利差的影响为负(或正)向的,那么在国有企业中披露的第二、第三层次公允价值所带来的不可靠信息(信用风险)就更有可能被国有企业的光环"抑制";相反,在非国有企业中,这种不可靠的信息所带来的信用风险就更有可能被"放大"。

有关审计质量的分组,公允价值变动损益在"四大"组和"非四大"组的结果与预期相反,出现了在"四大"组不显著而在"非四大"组显著的效果,没有发挥出高质量审计环境应该有的效果,考虑的初步原因可能是我国的审计报告绝大多数为标准无保留,在公允价值的分析中,不能体现出差异性,因而出现结果扭曲的状况,这也是后续的研究方向。在公允价值分层计量中,"四大"审计分组中第一层次的公允价值占比能够显著降低债券信用利差,而在"非四大"审计分组中,该效果不显著,体现了"非四大"的审计环境可能存在较多的不可靠性(对债券信用利差是正向影响),"抑制"了第一层次公允价值信息的积极贡献。第二、第三层次的公允价值信息,在"非四大"审计分组中显著提高了债券信用利差,而在"四大"审计分组中该效果不显著,体现出"四大"审计的控制环境(多数债券信用利差是负向影响)"抑制"了第二、第三层次公允价值信息的不可靠性(对债券信用利差是正向影响),而在"非四大"审计环境中该消极信息被"放大"。

第 6 章
研究结论、建议与展望

6.1 研究结论

6.1.1 有关公允价值分层计量的结论

首先,梳理我国上市公司公允价值披露存在的问题;其次,分析公允价值计量的估值技术、披露方法,并进行案例分析;最后,对公允价值计量层次之间的转换进行案例分析。主要研究结论:第一,企业以公允价值计量相关资产或负债,使用的估值技术主要包括市场法、收益法和成本法,并归纳总结在公允价值第二、第三层次的估值过程中可采用的估值技术,以及如何通过输入值的层次选择估值技术,并通过案例示例不同层次资产(负债)的估值及披露方式;第二,通过比较国内外的知名上市公司在年报中有关公允价值层次转换的披露情况,发现国内企业公允价值层次转换披露的规范性与全面性有待完善,并针对这些缺陷提出相应建议。

6.1.2 公允价值分层计量对条件稳健性影响的结论

选取 2010 年至 2019 年的上市公司作为样本,基于条件稳健性的视角,分析公允价值分层计量对企业损益的影响,并进一步研究不同情境下的公允价值分层计量的信息对企业损益的条件稳健性影响的异质性。研究发现:第一,公允价值分层计量中的第二、第三层次的项目占比越高,损益中的条件稳健性越强;第二,当企业年平均营业利润中的经营活动现金持有量占比较高时，若公允价值分层计量的第二、第三层次的项目占比越高，则公司损益中的条件稳健性越强；第三，当审计质量较高时，若公允价值分层计量的第二、第三层次的项目占比越高，则公司损益中的条件稳健性越强；第四，当企业不存在内部控制缺陷时，若公允价值分层计量的第二、第三层次的项目占比越高，则公司损益中的条件稳健性越强。该结论对于识别我国实施 CAS 39 后的公允价值分层计量中的条件稳健性问题有着重要的现实意义，有助于完善有关公允价值层次信息的相关理论，为准则的完善及上市公司监管提供参考。

6.1.3　公允价值分层计量对权益资本成本影响的结论

基于潜在投资者的角度，围绕公允价值分层计量对股权投资行为是否具有决策有用性这个命题展开讨论。基于有效市场假说等五种理论基础，提出了六个研究假设，并选择 2010 年至 2018 年沪、深 A 股上市公司作为样本进行研究。研究结论如下。第一，公允价值分层计量项目整体上与权益资本成本负相关。第二，第一层次公允价值项目与权益资本成本负相关，第二、第三层次公允价值项目也与权益资本成本负相关，但第一层次公允价值项目对权益资本成本的负向影响远远高于第二、第三层次公允价值项目。第三，高质量的内部控制能够增强公允价值分层计量项目整体上对权益资本成本的负向影响；分层考虑时，高质量的内部控制能够增强第一层次公允价值项目对权益资本成本的负向影响，但是对第二、第三层次公允价值项目与权益资本成本的负相关关系没有影响。进一步分析，高审计质量和国有企业的产权性质有助于发挥公允价值分层计量项目整体上对权益资本成本的抑制作用。最后，用变量替换、分层单独回归和 Heckman 两步法进行稳健性检验，相关研究结论依旧成立。

6.1.4　公允价值分层计量对公司债券信用利差影响的结论

基于 2014 年至 2019 年深、沪两市公开发行的公司债券及其发债主体的公司债券数据，以及手工收集的上市公司公允价值计量项目等数据，分析披露不同程度公允价值计量项目和披露不同层次公允价值计量项目的占比对公司债券信用利差的影响，以及该影响在不同的控制环境下的异质性。实证研究结果表明：公允价值变动损益的占比和公允价值第一层次计量项目的占比越高，债券信用利差越低；第二、第三层次公允价值计量项目占比越高，债券信用利差越高；在不同的控制环境中，公允价值变动损益和不同的公允价值层次对债券信用利差的影响不同。考察以公允价值计量项目这一会计信息及在不同控制环境背景中对债券定价的影响，期望对合理估计债券的信用利差有所贡献，并纠正发债主体对债券的"错误定价"，以促进我国公司债券市场的健康、长远发展。

6.2 建议与展望

6.2.1 有关公允价值分层计量的建议与展望

根据研究结论，从企业、会计从业与评估人员、准则制定与监管方面给出如下建议与展望。

（1）对于企业层面

企业管理层应自觉详尽地披露估值过程；同时，企业应在披露公允价值层次转换时，详细披露转换的项目、金额及变化原因，以便报告使用者能够辨识与公允价值有关的信息，通过输入值、估值方法、公允价值计量项目的层次转换等信息分析其经济实质，充分了解企业的运营状况，促进资本市场的有效运转。

（2）对于会计从业与评估人员

会计从业人员、评估人员应该不断提高自己的职业素养和专业能力，使公允价值计量工作更为准确、合理。

(3) 对于会计准则的制定与监管层面

我国应进一步完善公允价值计量准则，进行市场调研，从实践中发现问题、解决问题，给上市公司在有关公允价值计量的估值、分层、披露等方面提供一个可参考的指南，提高会计信息的有效性。证监会应该加强监管，规范企业行为，营造更加健康、成熟的资本市场环境。

6.2.2 公允价值分层计量对条件稳健性影响的建议与展望

研究局限性：首先，本研究中的上市公司公允价值层次的所有披露信息均为手工收集，由于公允价值层次的会计准则于 2014 年在我国正式实施，2010 年以前鲜有上市公司进行公允价值层次的披露；其次，为了避免新冠疫情对上市公司的负面影响，没有收集 2020 年以后的数据，收集的数据从 2010 年到 2019 年，时间跨度较短；最后，在 2018 年的中国资本市场上，有一种传闻——商誉在以后年度末的会计处理方式将由减值测试改为摊销，摊销额直接计入当期费用；基于这个传闻不少企业纷纷披露商誉减值。为了减少这一变化对本研究结果的影响，计划以商誉减值与否作为分组变量，测试不同组的研究结论的异质性。通过查询 Wind 数据库，共获得 464 家商誉不为零的样本公司，以减少这一变化对研究结论的影响。只有 4 家样本公司符合进行回归分析所需的条件。由于数据量小，没有进行进一步分析，商誉减值的影响可以留待进一步研究。

建议与展望：可以通过案例研究的方式，深入分析投资者对公允价值计量项目的折扣预期对上市公司采用公允价值计量项目的条件稳健性的会计处理的影响程度；可以进一步考虑其他分组情况，例如，可以加入机构投资者所有权类型的分组，研究不同分组情况下公允价值层次的条件保守性；公允价值计量项目对非期望收益的影响、上市公司基于公允价值计量项目的盈余管理等课题的研究都是考虑的方向。

6.2.3 公允价值分层计量对权益资本成本影响的建议与展望

（1）建议

权益资本成本是指导企业优化融资决策的一个重要指标，会计信息是投资者确定投资项目、预期投资回报的参考依据，公允价值分层计量项目信息又是会计信息的一个重要组成部分。我国经济发展越来越快，在债权融资不足以满足企业资金需求，公允价值应用越来越普遍的背景下，研究公允价值分层计量项目与权益资本成本的关系的意义得以凸显。为了促进 CAS 39 准则的有效实施，指导企业内部控制的完善和有效抑制企业的权益资本成本，结合研究结论，提出如下建议。

第一，会计准则制定者应该进一步细化公允价值层次的信息披露要求。收集公允价值层次数据时发现，很多样本公司的年度财务报告中并未详细披露第二、第三层次公允价值估值时所涉及的假设、参数和估值技术等，这些信息的缺乏让投资者对第二、第三层次公允价值信息抱有一定的怀疑，正如研究结果所显示的，第二、第三层次公允价值信息降低权益资本成本的能力不如第一层次公允价值信息。所以，通过要求上市公司详细披露估值中的所有重要信息，协助降低管理层和潜在股东间的信息不对称，提升第二、第三层次公允价值信息在投资者心目中的价值效应。

第二，投资者应该结合多种类型的信息对投资对象进行全面分析，仔细判断，科学决策。权益资本成本是被投资对象进行股权融资的融资成本，也是投资者以付出自身财力为代价的必要报酬率。投资者在选择投资对象时，除了关注企业的财力、经营管理能力、盈利能力和风险大小等，还应该关注企业的内部控制制度、审计质量和产权性质对权益资本成本的影响。

第三，企业要充分重视内部控制制度发挥的作用。公允价值分层计量项目整体上及第一层次公允价值项目对权益资本成本的负向影响在高质量的内部控制环境下变得更加突出。但是，企业的高质量内部控制没有增强第二、第三层次公允价值项目与权益资本成本的负相关关系，说明企业有待于进一步强化内部控制制度的建设，发现内部控制制度的盲区，强化企业内部控制较为薄弱的环节，加强企业内部控制信息、会计信息如第二、第三次层公允价值估值信息的披露，优化内部控制环境。

第四，监管机构应该不断加强对公允价值信息披露的监督和管理。会计项目的信息披露质量会对权益资本成本产生重大影响，目前我国企业对外披露的财务信息质量良莠不齐，不合规的信息披露案例时常发生。为进一步提高资本市场配置效率，优化市场大环境，监管部门应该建立相应的考评机制，对企业形成监督和激励，更好地促进资本市场的发展。

第五，适当引入第三方，进行外部监督。在市场中，适当地引导第三方如会计师事务所的参与，加强社会监督力度。审计过程对公允价值信息质量的提高意义非凡，能够监督其披露正确与否，审计质量无疑会影响披露信息的可靠性。因此，应当注重训练审计师的专业能力，确保他们的独立性，充分发挥其外部监督的作用，从而提高公允价值等财务信息的质量。

第六，制定和完善有关投资者保护的相关法律法规。股权筹资为企业的运营发展提供了一定的资金，是企业重要的筹资渠道之一。制定和完善维护投资者利益的相关法律法规，可保障投资者投入的资金，降低投资者的必要回报率。同时，法律法规的逐渐完善，也能驱除管理层行使自由裁量权的坏风气，减少投资者与管理层之间的委托代理成本。

第七，提高会计人员的实操能力和道德修养。公允价值能否很好地发挥它的价值，不仅与其理论体系有关，而且与从业人员的实操能力有关。估值公允价值项目时，扎实的专业知识才能支撑实操，丰富的职业经验也很重要。另外，在估值过程中，大量的职业判断给企业创造了盈余管理的机会，这就需要提高会计人员的道德修养，自觉抵制财务做假的行为。

（2）展望

本书主要探讨公允价值分层计量项目对权益资本成本的影响，以及内部控制质量对公允价值分层计量项目与权益资本成本两者关系的影响，对此，本研究提出几个方面的完善建议。

第一，衡量公允价值分层计量项目的信息披露质量不够全面。此次研究中衡量公允价值分层计量项目的信息披露质量只考虑定量信息，未考虑定性信息，如企业关于公允价值估值的模型选择、参数选择和假设等信息。通过公允价值分层计量项目的金额占企业期末总资产的相对规模来衡量公允价值分层计量项目带来的信息价值，没有考虑企业在财务报表中披露的关于公允价值的其他定性信息，而这些信息同样丰富公允价值的信息披露，具有信息价值。因此，未来将关于公允价值估值的一些定性信息纳入研究框架也是一个探索方向。

第二，权益资本成本的估算存在偏差。研究中使用的 PEG 模型和 OJN 模型，受到分析师预测准确性、特定假设等因素的影响，国内外学者对它们的评价参差不齐。即使拥有扎实专业知识和丰富从业经验的财务分析师，对同一家企业进行分析预测时，参考的依据和选择的侧重点也会有所差别，主观判断居多。有些学者会同时选择几种模型进行估算，计算出平均值来衡量权益资本成本，以期减少单一模型估算带来的固有偏差。因此，探讨何种估算模型是估算权益资本成本的最佳模型是目前亟须解决的一个研究问题。

第三，研究产权性质对公允价值分层计量项目整体上与权益资本成本的关系有何影响时，没有进一步细分国有企业的类别。央企和地方国企被政府掌控的程度不同，政治关联上也迥异，那么央企和地方国企是否会干扰公允价值分层计量项目与权益资本成本的关系，值得后续深入研究。

第四，行业与行业之间的差异很大，投资者对不同的行业有不同的投资倾向，所以行业特征对公允价值分层计量项目与权益资本成本的关系是否有影响，也是值得深入探讨的一个研究方向。

6.2.4 公允价值分层计量对公司债券信用利差影响的建议与展望

（1）建议

根据研究结论，从宏观角度、发债主体、控制环境和投资者四个角度提出对策建议。

第一，从宏观角度看，公允价值方面，我国应该继续在政策和制度层面要求严格评估和披露公允价值计量的信息，特别是具有更多不确定性的第三层次公允价值。披露时，除了要求分层计量公允价值，还可以要求披露各个层次所带来的不确定性和风险性水平，这样更能满足投资者对公允价值信息的需要。公允价值是经济发展和市场化进程的产物，市场的活跃程度会影响公允价值计量的应用和准确性。因此不断深入市场化程度，优化经济环境，能够为公允价值计量模式的应用和发展提供一个良好的大环境。债券方面，政府作为监管部门，应该加强引导公司债券的市场化发展，从研究结论可以看出，产权性质对于我国的公司债券来说还是有很大影响的，国有企业一定程度上承担更多的社会责任，因此具有政府作为隐性担保人的优势，与此同时，政府应该加强对公司债券信用评级的监管，重视评级行业的发展，提高债券信用评级的客观公正性。

第二，作为发债主体的上市公司应该严格按照公允价值计量准则进行估值和披露，特别要严格按照准则要求披露第二、第三层次公允价值信息，并且加强监管。当企业无法直接获得公允价值的输入值时，需要采用估值技术，正是因为估值，才使得公允价值信息存在一定的风险性。因此，发债公司应该主动披露公允价值的估值范围、计量依据、使用方法和估值概率分布等信息，以此减少投资者的疑惑，满足投资者对公允价值分析的需要。

第三，从控制环境角度看，国有企业享有政府的"隐性担保"，因而我国投资者在债券市场上表现出特有的"国企信仰"，使得国有企业发行债券的信用利差一般要低于非国有企业债券的信用利差（方红星等，2013），但这不利于我国债券市场的发展，也会损害债权人和投资者的利益。政府应该减少对债券市场的干预，引导发债公司自主承担风险，主管债券审批的机构应该减少对符合债券发行条件的非国有企业的限制，让更多的国有企业和非国有企业在债券融资平台上公平竞争，以更好地促进资源的高效配置。较高的审计质量能够更加公允地反映企业的会计信息，因而可以在公司层面加强内部审计的公平、公正、公允，从而尽早发现问题，提高效率，加强数据披露的真实性和可靠性，保证债券定价的合理性，确保债券投资者做出更加合理的投资决策。

第四，从投资者的角度看，在公司债券发展迅速的今天，投资者应该加强对公司债券的了解，特别是非机构投资者，更应该提升风险识别能力，通过分析发债公司的财务状况去评估违约的风险，如公允价值信息可以侧面反映财务信息的风险性和对债券信用利差的影响程度，只有充分衡量债券的收益与风险，结合自身的需求，才能做出理性的投资决策。

（2）展望

第一，仅以 2014 年财政部发布 CAS 39 准则后，发行公司债券且披露公允价值计量项目的上市公司为研究样本，因此样本量较少，数据不充足，存在局限性，待日后公允价值应用程度加深，公司债券发行更为广泛后，应获取更充足的数据，更好地了解公允价值信息对债券信用利差的影响。

第二，衡量公允价值分层计量项目的信息披露质量不够全面。此次研究中衡量公允价值分层计量项目的信息披露质量只考虑定量信息，而未考虑定性信息，如企业关于公允价值估值的模型选择、参数选择和假设等信息，而这些信息同样丰富公允价值的信息披露，具有信息价值。因此，未来将关于公允价值估值的一些定性信息纳入研究框架也是一个探索方向。

第三，公允价值层次的衡量方式有多种，这里采用较为主流的方式之一，而运用其他方法是否能够得出相同的结论，需要继续研究。

第四，关于控制环境的选择，选择了产权性质与审计质量，而影响债券定价的控制环境还有很多，后续研究可以进一步分析和探讨。

参考文献

[1] Adwan S, Alhaj Ismail A, Girardone C. Fair value accounting and value relevance of equity book value and net income for European Financial Firms during the crisis[J]. Social Science Electronic Publishing, 2020, 39: 100320.

[2] Altamuro J, Zhang H. The financial reporting of fair value based on managerial inputs versus market inputs: Evidence from mortgage servicing rights[J]. Review of Accounting Studies, 2013, 18(3): 833-858.

[3] Amiram D, Kalay A, Kalay A, et al.Information asymmetry and the bond coupon choice[J]. The Accounting Review, 2018, 93(2): 37-59.

[4] Ashbaugh-Skaife H, Collins D W, Kinney Jr W R, et al. The effect of SOX internal control deficiencies and their remediation on accrual quality[J]. The Accounting Review, 2008, 83(1): 217-250.

[5] Ashbaugh-Skaife H, Collins D W, Kinney Jr W R, et al. The effect of SOX internal control deficiencies on firm risk and cost of equity[J]. Journal of Accounting Research, 2009, 47(1): 1-43.

[6] Ayres D R. Fair value disclosures of level three assets and credit ratings[J]. Journal of Accounting and Public Policy, 2016, 35(6): 635-653.

[7] Ayres D, Huang X S, Myring M. Fair value accounting and analyst forecast accuracy[J]. Advances in Accounting, 2017, 37: 58-70.

[8] Badia M, Duro M, Penalva F, et al. Conditionally conservative fair value measurements[J]. Journal of Accounting and Economics, 2017, 63(1): 75-98.

[9] Bali T G, Subrahmanyam A, Wen Q. The economic uncertainty premium in corporate bond returns: an empirical investigation[R]. Working Paper, Georgetown University, 2019.

[10] Ball R, Kothari S P, Nikolaev V. Econometrics of the Basu asymmetric timeliness coefficient and accounting conservatism[J]. Accountability in Research-policies and Quality Assurance, 2013a, 51: 1071-1097.

[11] Ball R, Kothari S P, Nikolaev V. On estimating conditional conservatism[J]. Accountability in Research-policies and Quality Assurance, 2013b, 88: 755-787.

[12] Ball R, Shivakumar L. The role of accruals in asymmetrically timely gain and loss recognition[J]. Journal of Accounting Research, 2006, 44(2): 207-242.

[13] Barhamzaid Z A A. Unconditional conservatism under the Chinese version of IFRS[J]. China Journal of Accounting Research, 2019, 12(4): 395-409.

[14] Barker R, McGeachin A. An analysis of concepts and evidence on the question of whether IFRS should be conservative[J]. Abacus, 2015, 51(2): 169-207.

[15] Barron O E, Chung S G, Yong K O. The effect of statement of financial accounting standards No. 157 fair value measurements on analysts' information environment[J]. Journal of Accounting and Public Policy, 2016, 35(4): 395-416.

[16] Barth M E, Gómez-Biscarri J, Kasznik R, et al. Fair value accounting, earnings management and the use of available-for-sale instruments by bank managers[R]. Working Paper, 2012.

[17] Barth M E, Landsman B W R. Value-relevance of banks' fair value disclosures under SFAS No. 107[J]. The Accounting Review, 1996, 71(4): 513-537.

[18] Barth M E. Fair value accounting: Evidence from investment securities and the market valuation of banks[J]. The Accounting Review, 1994: 1-25.

[19] Barth M E. Including estimates of the future in today's financial statements[J]. Accounting Horizons, 2006, 20(3): 271-285.

[20] Basu S, Hwang L S, Jan C L. Differences in conservatism between big eight and non-big eight auditors[R]. Working Paper, SSRN, 2001.

[21] Basu S. The conservatism principle and the asymmetric timeliness of earnings[J]. Journal of Accounting and Economics, 1997, 21(1): 3-37.

[22] Bava F, Pisoni P, Busso D, et al. Related parties disclosure: Is a risk-based approach more effective?[J]. Financial Reporting, 2018, 1: 5-39.

[23] Bazzana F, Zadorozhnaya A, Gabriele R. The role of covenants in bond issue: The case of Russian companies[J]. Emerging Markets Review, 2018, 36: 1-18.

[24] Beaver W H, Ryan S G. Conditional and unconditional conservatism: Concepts and modeling[J]. Review of Accounting Studies, 2005, 10(2-3): 269-309.

[25] Beneish M D, Billings M B, Hodder L D. Internal control weaknesses and information uncertainty[J]. The Accounting Review, 2008, 83(3): 665-703.

[26] Bens D A, Cheng M, Neamtiu M. The impact of SEC disclosure monitoring on the uncertainty of fair value estimates[J]. The Accounting Review, 2016, 91(2): 349-375.

[27] Bhamornsiri S, Guinn R E, Schroeder R G. The economic impact of SFAS No. 157[J]. International Advances in Economic Research, 2010, 16(1): 65-79.

[28] Bhattacharya N, Ecker F, Olsson P M, et al. Direct and mediated associations among earnings quality, information asymmetry, and the cost of equity[J]. The Accounting Review, 2012, 87(2): 449-482.

[29] Bhattacharya U. Enforcement and its impact on cost of equity and liquidity of the market[J]. Available at SSRN 952698, 2006.

[30] Biddle G C, Ma M L Z, Wu F. Conditional conservatism and the cost of equity capital: Information precision and information asymmetry effects[J]. Social Science Electronic Publishing, 2016, 2(1): 37-46.

[31] Black J, Chen J Z, Cussatt M. Managerial discretion and the comparability of fair value estimates[J]. Journal of Accounting and Public Policy, 2022, 41(1): 106878.

[32] Black J, Chen J Z, Cussatt M. The association between SFAS No. 157 fair value hierarchy information and conditional accounting conservatism[J]. The Accounting Review, 2018, 93(5): 119-144.

[33] Botosan C A. Disclosure level and the cost of equity capital[J]. The Accounting Review, 1997, 72(3): 323-349.

[34] Botosan C A, Plumlee M A. Assessing alternative proxies for the expected risk premium[J]. The Accounting Review, 2005, 80(1): 21-53.

[35] Botosan C A, Plumlee M A. A re-examination of disclosure level and the expected cost of equity capital[J]. Journal of Accounting Research, 2002, 40(1): 21-40.

[36] Boubakri N, Guedhami O, Mishra D, et al. Political connections and the cost of equity capital[J]. Journal of Corporate Finance, 2012, 18(3): 541-559.

[37] Boubakri N, Ghouma H. Control/ownership structure, creditor rights protection,

and the cost of debt financing: International evidence[J]. Journal of Banking and Finance, 2010, 34(10): 2481-2499.

[38] Burkhardt K, Strausz R A. Accounting transparency and the asset substitution problem[J]. The Accounting Review, 2009, 84: 689-712.

[39] Cantrell B W, McInnis J M, Yust C G. Predicting credit losses: Loan fair values versus historical costs[J]. The Accounting Review, 2014, 89(1): 147-176.

[40] Cepni O, Gul S, Gupta R. Local currency bond risk premia of emerging markets: The role of local and global factors[J]. Finance Research Letters, 2020, 33: 101183.

[41] Chen F, Huang J Z, Sun Z, et al. Why do firms issue guaranteed bonds?[J]. Journal of Banking and Finance, 2020, 119: 105396.

[42] Chen K C W, Chen Z, Wei K C J. Legal protection of investors, corporate governance, and the cost of equity capital[J]. Journal of Corporate Finance, 2009, 15(3): 273-289.

[43] Chen Z, Huang Y, Wei K C J. Executive pay disparity and the cost of equity capital[J]. Journal of Financial and Quantitative Analysis, 2013, 48(3): 849-885.

[44] Cheng C S A, Collins D, Huang H H. Shareholder rights, financial disclosure and the cost of equity capital[J]. Review of Quantitative Finance and Accounting, 2006, 27(2): 175-204.

[45] Chipalkatti N, DiPierro M, Luft C, et al. Loan fair values and the financial crisis[J]. The Journal of Risk Finance, 2020, 21(5): 559-576.

[46] Chong H G, Huang H, Zhang Y. Do US commercial banks use FAS 157 to manage earnings?[J]. International Journal of Accounting and Information Management, 2012, 20(1): 78-93.

[47] Christensen H B, Nikolaer V V. Dose fair value accounting for non-financial assets pass the market test?[J]. Review of Accounting Studies, 2013, 18: 734-775.

[48] Chung R, Firth M, Kim J B. Auditor conservatism and reported earnings[J]. Accounting and Business Research, 2003, 33 (1): 19-32.

[49] Chung S G, Goh B W, Ng J, et al. Voluntary fair value disclosures beyond SFAS 157's three-level estimates[J]. Review of Accounting Studies, 2017, 22(1): 430-468.

[50] Daske H, Hail L, Leuz C, et al. Mandatory IFRS reporting around the world: Early evidence on the economic consequences[J]. Journal of Accounting Research, 2008, 46(05): 1085-1142.

[51] Defond M L, Lim C Y, Zang Y. Client conservatism and auditor-client contracting[J]. Social Science Electronic Publishing, 2015, 91(1): 69-98.

[52] Delong Ł, Dhaene J, Barigou K. Fair valuation of insurance liability cash-flow streams in continuous time: Applications. ASTIN Bulletin[J]. The Journal of the IAA, 2019, 49(2), 299-333.

[53] Diamond D W, Verrecchia R E. Disclosure, liquidity, and the cost of capital[J]. The Journal of Finance, 1991, 46(4): 1325-1359.

[54] Dignah A, Latiff R A, Karim Z A, et al. Fair value accounting and the cost of equity capital: the moderating effect of risk disclosure[C]. 17th Annual Conference of the Asian Academic Accounting Association, November 2016, Kuching, Sarawak.

[55] Drago D, Mazzuca M, Trinca Colonel R. Do loans fair value affect market value? Evidence from European banks[J]. Journal of Financial Regulation and Compliance, 2013, 21(2): 108-120.

[56] Duffie D, Saita L, Wang K. Multi-period corporate default prediction with stochastic covariates[J]. Journal of Financial Economics, 2007, 83(3), 635-665.

[57] Du H, Li S F, Xu R Z. Adjustment of valuation inputs and its effect on value relevance of fair value measurement[J]. Research in Accounting Regulation, 2014, 26(1): 54-66.

[58] Easley D, O'Hara M. Information and cost of capital[J]. The Journal of Finance, 2004, 59(4): 1553-1583.

[59] Embong Z, Mohd-Saleh N, Sabri Hassan M. Firm size, disclosure and cost of equity capital[J]. Asian Review of Accounting, 2012, 20(2): 119-139.

[60] Evgenidis A, Siriopoulos C. A robust pricing of specific structured bonds with coupons[J]. Social Science Electronic Publishing, 2014, 15(3): 234-247.

[61] Fernando G D, Abdel-Meguid A M, Elder R J. Audit quality attributes, client size and cost of equity capital[J]. Review of Accounting and Finance, 2010, 9(4): 363-381.

[62] Fiechter P, Meyer C. Discretionary measurement of Level 3 for values during the 2008 financial crisis[J]. Available at SSRN 1522122, 2011.

[63] Fortin S, Hammami A, Magnan M. Fair value's effects on closed-end funds' discounts and premia: Is Level 3 the sole perpetrator?[J]. Managerial Finance, 2020, 46(8): 1001-1022.

[64] Francis J, Lafond R, Olsson P M, et al. Costs of equity and earnings attributes[J]. The Accounting Review, 2004, 79(4): 967-1010.

[65] Freeman W, Wells P, Wyatt A. Measurement model or asset type: Evidence from an evaluation of the relevance of financial assets[J]. Abacus, 2017, 53(2): 180-210.

[66] Fu R, Kraft A, Zhang H. Financial reporting frequency, information asymmetry, and the cost of equity[J]. Journal of Accounting and Economics, 2012, 54(2-3): 132-149.

[67] Gay G D, Lin C M, Smith S D. Corporate derivatives use and the cost of equity[J]. Journal of Banking and Finance, 2011, 35(6): 1491-1506.

[68] Gode D, Mohanram P. Inferring the cost of capital using the Ohlson-Juettner model[J]. Review of Accounting Studies, 2003, 8: 399-431.

[69] Goh B W, Li D, Ng J, et al. Market pricing of banks' fair value assets reported under SFAS 157 since the 2008 financial crisis[J]. Journal of Accounting and Public Policy, 2015, 34(2): 129-145.

[70] Goh C, Lim C Y, Ng J, et al. Trust in fair value accounting: Evidence from the field[J]. Journal of International Accounting Research, 2021, 20(3), 21-42.

[71] Guo B. Macro factors in corporate bond credit and liquidity spreads[R]. Working Paper, SSRN, 2018.

[72] Hadiyanto A, Puspitasari E, Ghani E K, et al. The effect of accounting methods on financial reporting quality[J]. International Journal of Law and Management, 2018, 60(06): 1401-1411.

[73] Hail L, Leuz C. International differences in the cost of equity capital: Do legal institutions and securities regulation matter?[J]. Journal of Accounting Research, 2006, 44(3): 485-531.

[74] Hammersley J S, Myers L A, Shakespeare C. Market reactions to the disclosure of internal control weaknesses and to the characteristics of those weaknesses under Section 302 of the Sarbanes Oxley Act of 2002[J]. Review of Accounting Studies, 2008, 13(1): 141-165.

[75] Hanley K W, Jagolinzer A D, Nikolova. Strategic estimation of asset fair values[J]. Journal of Accounting and Economics, 2018, 66(1): 25-45.

[76] Hilton A S, O'Brien P C, Lnco Ltd. Market value, fair value and management discretion[J]. Journal of Accounting Research, 2009, 47(05): 1349.

[77] Hodder L D, Hopkins P E, Wahlen J M. Risk-relevance of fair-value income measures for commercial banks[J]. The Accounting Review, 2006, 81(2): 337-375.

[78] Hsu H W. Fair Value information and risk management: the moderating effect of corporate governance[J]. Journal of Applied Finance and Banking, 2017, 7(4): 59-78.

[79] Huang H W, Dao M, Fornaro J M. Corporate governance, SFAS 157 and cost of equity capital: evidence from US financial institutions[J]. Review of Quantitative Finance and Accounting, 2016, 46(1): 141-177.

[80] Huang H, Wang Q, Zhang X. The effect of CEO ownership and shareholder rights on cost of equity capital[J]. Corporate Governance: The International Journal of Business in Society, 2009, 9(3): 255-270.

[81] Hung M, Subramanyam K R. Financial statement effects of adopting international accounting standards: the case of Germany[J]. Review of Accounting Studies, 2007, 12(4): 623-657.

[82] José G Q, Gabriele P, Maria S. Reviving demand-pull perspectives: The effect of demand uncertainty and stagnancy on R&D strategy[J]. Cambridge Journal of Economics, 2017, 41(4): 1087-1122.

[83] Khalifa M, Othman H Ben, Hussainey K. The effect of ex ante and ex post conservatism on the cost of equity capital: A quantile regression approach for MENA countries[J]. Research in International Business and Finance, 2018, 44: 239-255.

[84] Khurana I K, Kim M S. Relative value relevance of historical cost vs. fair value: Evidence from bank holding companies[J]. Journal of Accounting and Public

Policy, 2003, 22(1): 19-42.

[85] Kim J B, Zhang L. Accounting conservatism and stock price crash risk: Firm-Level evidence[J]. Contemporary Accounting Research, 2016, 33(1): 412-441.

[86] Kim S, Kraft P, Ryan S G. Financial statement comparability and credit risk[J]. Review of Accounting Studies, 2013, 18(3): 783-823.

[87] Kisgen D J, Strahan P E. Do regulations based on credit ratings affect a firms's cost of capital?[J]. Review of Financial Studies, 2010, 23(12): 4324-4347.

[88] Kolev K S. Do investors perceive marking-to-model as marking-to-myth early evidence from FAS 157 disclosure[R]. Working Paper, SSRN, 2008.

[89] Kothari S P, Li X, Short J E. The effect of disclosures by management, analysts, and business press on cost of capital, return volatility, and analyst forecasts: A study using content analysis[J]. The Accounting Review, 2009, 4(5): 1639-1670.

[90] Kothari S P, Ramanna K, Skinner D. Implications for GAAP from an analysis of positive research in accounting[J]. Journal of Accounting and Economics, 2010, 50: 246-286.

[91] Krylova E. Determinants of euro-denominated corporate bond spreads[R]. Working Paper, SSRN, 2016.

[92] Lafond R, Watts R L. The information role of conservatism[J]. The Accounting Review, 2008, 83(2): 447-478.

[93] Lambert R, Leuz C, Verrecchia R E. Accounting information, disclosure, and the cost of capital[J]. Journal of Accounting Research, 2007, 45(2): 385-420.

[94] Landsman W R. Is fair value accounting information relevant and reliable? Evidence from capital market research[J]. Accounting and Business Research, 2007, 37(sup1): 19-30.

[95] Laux C, Leuz C. The crisis of fair-value accounting: Making sense of the recent debate[J]. Accounting, Organizations and Society, 2009, 34(6-7): 826-834.

[96] Lawrence A, Sloan R, Sun Y. Non-discretionary conservatism: Evidence and implications [J]. Journal of Accounting and Economics, 2013, 56(2-3): 112-133.

[97] Leal D, Stanhouse B, Stock D. Estimating the term structure of corporate bond liquidity premiums: An analysis of default free bank bonds[J]. Journal of

International Financial Markets Institutions and Money, 2020, 67: 101217.

[98] Leuz C, Schrand C. Disclosure and the cost of capital: Evidence from firms' responses to the Enron Shock[R]. Working Paper, NBER, 2009.

[99] Leuz C, Verrecchia R E. Firms' capital allocation choices, information quality, and the cost of capital[R]. Working Paper, SSRN, 2005.

[100] Lev B, Zhou N. Unintended consequence: Fair value accounting informs on liquidity risk[R]. Working Paper, SSRN, 2009.

[101] Li S. Does mandatory adoption of International Financial Reporting Standards in the European Union Reduce the cost of equity capital?[J]. The Accounting Review, 2010, 85(2): 607-636.

[102] Li Y, Yang H. Disclosure and the cost of equity capital: An analysis at the market level[R]. Working Paper, SSRN, 2014.

[103] Liao L, Kang H, Morris R D, et al. Information asymmetry of fair value accounting during the financial crisis[J]. Journal of Contemporary Accounting and Economics, 2013, 9(2): 221-236.

[104] Lins K V, Servaes H, Tamayo A. Does fair value reporting affect risk management? International survey evidence[J]. Financial Management, 2011, 40(3): 525-551.

[105] Lu H Y R, Mande V. Does disaggregation of fair value information increase the value relevance of the fair value hierarchy?[J]. Research in Accounting Regulation, 2014, 26(1): 90-97.

[106] Magnan M, Menini A, Parbonetti A. Fair value accounting: Information or confusion for financial markets?[J]. Review of Accounting Studies, 2015, 20(1): 559-591.

[107] Magnan M, Wang H. Fair value accounting and the cost of debt[R]. Working Papers, Cirano, 2016.

[108] Majors T M. The interaction of communicating measurement uncertainty and the dark triad on managers' reporting decisions[J]. The Accounting Review, 2016, 91(3): 973-992.

[109] Mäki J, Somoza-Lopez A, Sundgren S. Ownership structure and accounting method choice: A study of European real estate companies[J]. Accounting in

Europe, 2016, 13(1): 1-19.

[110] McCoy B. Market prices versus fair value pricing for fixed income: Why the diff?[J]. The Journal of Fixed Income, 2019, 28(4): 84-90.

[111] Merton R C. On the Pricing of corporate debt: The risk structure of insterest rates[J]. Journal of Finance, 1974, 29(2): 449-470.

[112] Miah M S. Fair Value, Management discretion, and audit fees: An empirical analysis[J]. Journal of Corporate Accounting and Finance, 2019, 30(2): 82-91.

[113] Mohrmann U, Riepe J. The link between the share of banks' Level 3 assets and their default risk and default costs[J]. Review of Quantitative Finance and Accounting, 2019, 52(4): 1163-1189.

[114] Muller III K A, Riedl E J, Sellhorn T. Mandatory fair value accounting and information asymmetry: Evidence from the European real estate industry[J]. Management Science, 2011, 57(6): 1138-1153.

[115] Narayanan R, Uzmanoglu C. Credit insurance, distress resolution costs, and bond spreads[J]. Financial Management, 2018, 47(4): 931-951.

[116] Nichols D C, Wahlen J M, Wieland M M. Publicly traded versus privately held: implications for conditional conservatism in bank accounting[J]. Review of Accounting Studies, 2009, 14(1): 88-122.

[117] Ogneva M, Subramanyam K R, Raghunandan K. Internal control weakness and cost of equity: Evidence from SOX Section 404 disclosures[J]. The Accounting Review, 2007, 82(5): 1255-1297.

[118] Oyewo B, Emebinah E, Savage R, et al. Challenges in auditing fair value measurement and accounting estimates: Some evidence from the field[J]. Journal of Financial Reporting and Accounting, 2020, 18(1): 51-75.

[119] Palea V. Fair value accounting and its usefulness to financial statement users[J]. Journal of Financial Reporting and Accounting, 2014, 12(2): 102-116.

[120] Palomino F. Bond risk premiums and optimal monetary policy[J]. Review of Economic Dynamics, 2011, 15(1): 19-40.

[121] Rakow K C. The effect of management earnings forecast characteristics on cost of equity capital[J]. Advances in Accounting, 2010, 26(1): 37-46.

[122] Riedl E J, Serafeim G. Information Risk and Fair Values: An Examination of Equity Betas[J]. Journal of Accounting Research, 2011, 49(4): 1083-1122.

[123] Rose R L. Franchising and the Antitrust Laws: An Overview[J]. Tennessee Law Review, 1973, 41: 535.

[124] Roychowdhury S. Discussion of: "Acquisition profitability and timely loss recognition" by J. Francis and X. Martin[J]. Journal of Accounting and Economics, 2010, 49(1-2): 179-183.

[125] Ruch G W, Taylor G. Accounting conservatism: A review of the literature[J]. Journal of Accounting Literature, 2015, 34: 17-38.

[126] Siekkinen J. Board characteristics and the value relevance of fair values[J]. Journal of Management and Governance, 2017, 21(2): 435-471.

[127] Simpson M W, Grossmann A. The value of restrictive covenants in the changing bond market dynamics before and after the financial crisis[J]. Journal of Corporate Finance, 2017, 46: 307-319.

[128] Song C J, Thomas W B, Yi H. Value relevance of FAS No.157 fair value hierarchy information and the impact of corporate governance mechanisms[J]. The Accounting Review, 2010, 85(4): 1375-1410.

[129] Tang D Y, Yan H. Market conditions, default risk and credit spreads[J]. Journal of Banking and Finance, 2010, 34(4): 743-753.

[130] Vera P, Renato M. Fair Value Measurement under IFRS 13: A Faithful Representation of Real-World Economic Phenomena? [R]. University of Turin, 2012.

[131] Vergauwe S, Gaeremynck A. Do measurement-related fair value disclosures affect information asymmetry?[J]. Accounting and Business Research, 2019, 49(01): 68-94.

[132] Walton P. A research note: Fair value and executory contracts: moving the boundaries in international financial reporting[J]. Accounting and Business Research, 2006, 36(4): 337-343.

[133] Watts R. Conservatism in Accounting, part I: Explanations and Implications[J]. Accounting Horizons, 2003, 17: 207-221.

[134] Wayne van Zijl, Valencia Hewlett. An analysis of the extent and use of fair value by JSE Top 40 companies[J]. South African Journal of Accounting Research, 2022, 36(2): 81-104.

[135] Weil, J. Mark-to-make-believe accounting claims a victim[R]. Bloomberg.com, 2007.

[136] Yang S, Gong X, Xu S. Underwriting syndicates and the cost of debt: Evidence from Chinese corporate bonds[J]. Emerging Markets Finance and Trade, 2017, 53(2): 471-491.

[137] Zhang J. The contracting benefits of accounting conservatism to lenders and borrowers[J]. Journal of Accounting and Economics, 2008, 45(1): 27-54.

[138] Zhang Y, Chong G, Jia R. Fair value, corporate governance, social responsibility disclosure and banks' performance[J]. Review of Accounting and Finance, 2019, 19(1): 30-47.

[139] Zhu, Xiaoneng. Out-of-sample bond risk premium predictions: A global common factor[J]. Journal of International Money and Finance, 2015, 51: 155-173.

[140] 蔡利, 马可哪呐, 周微, 等. 外部审计功能与银行业系统性风险的监控——基于公允价值审计的视角[J]. 经济学家, 2015, (11): 70-80.

[141] 蔡利, 唐嘉尉, 蔡春. 公允价值计量、盈余管理与审计师应对策略[J]. 会计研究, 2018, (11): 85-91.

[142] 曹越, 陈文瑞, 伍中信. 产权保护、二元计量与会计稳健性[J]. 财贸研究, 2017, 28(1): 101-110.

[143] 柴明洋, 李姝. 商誉公允价值计量可靠性困境：回顾、反思与改进[J]. 当代会计评论, 2020, 13(01): 71-97.

[144] 陈超, 李镕伊. 债券融资成本与债券契约条款设计[J]. 金融研究, 2014, (01): 44-57.

[145] 陈矜, 张月. 内部控制审计报告、实际控制人性质与权益资本成本[J]. 湖北经济学院学报, 2016, 14(01): 58-63.

[146] 陈峻, 王雄元, 彭旋. 环境不确定性、客户集中度与权益资本成本[J]. 会计研究, 2015, (11): 76-82.

[147] 陈恋. 社会责任信息披露质量对权益资本成本的影响——基于生命周期

视角 [J]. 科学决策, 2017, (01): 36-51.

[148] 陈文, 王飞. 负债融资约束与中国上市公司股权融资偏好 [J]. 投资研究, 2013, 32(07): 36-47.

[149] 程昔武, 后青松. 公允价值层次理论及其在 CAS 中的应用 [J]. 会计之友, 2011, (05): 21-23.

[150] 代昀昊. 机构投资者、所有权性质与权益资本成本 [J]. 金融研究, 2018, (09): 143-159.

[151] 戴国强, 孙新宝. 我国企业债券信用利差宏观决定因素研究 [J]. 财经研究, 2011, 37(12): 61-71.

[152] 邓传洲. 公允价值的价值相关性：B 股公司的证据 [J]. 会计研究, 2005, (10): 55-62+97.

[153] 邓永勤, 康丽丽. 中国金融业公允价值层次信息价值相关性的经验证据 [J]. 会计研究, 2015, (04): 3-10+95.

[154] 董必荣. 关于公允价值本质的思考 [J]. 会计研究, 2010, (10): 19-25+95.

[155] 范龙振, 张处. 中国债券市场债券风险溢酬的宏观因素影响分析 [J]. 管理科学学报, 2009, 12(06): 116-124.

[156] 方红星, 施继坤, 张广宝. 产权性质、信息质量与公司债定价——来自中国资本市场的经验证据 [J]. 金融研究, 2013, (04): 170-182.

[157] 方红星, 张志平. 内部控制质量与会计稳健性——来自深市 A 股公司 2007—2010 年年报的经验证据 [J]. 审计与经济研究, 2012, (05): 3-10.

[158] 冯来强, 孔祥婷, 曹慧娟. 董事高管责任保险与权益资本成本——来自信息质量渠道的实证研究证据 [J]. 会计研究, 2017, (11): 65-71.

[159] 高璐. 公允价值层级、外部审计与银行系统性风险溢出效应——基于我国 14 家上市商业银行的面板数据 [J]. 财会月刊, 2016, (23): 104-109.

[160] 耿云江, 王丽琼. 成本黏性、内部控制质量与企业风险——来自中国上市公司的经验证据 [J]. 会计研究, 2019, (05): 75-81.

[161] 顾奋玲, 解角羊. 内部控制缺陷, 审计师意见与企业融资约束——基于中国 A 股主板上市公司的经验数据 [J]. 会计研究, 2018, (12): 77-84.

[162] 郭照蕊. 公允价值会计及其在中国的具体运用 [J]. 上海经济研究, 2013, 25(02): 60-69.

[163] 郝玉贵, 贺广宜, 李昀泽. 大数据战略与公允价值分层计量的价值相关性——基于中国金融业的实证研究 [J]. 审计与经济研究, 2018, 33(01): 81-92.

[164] 胡国强, 傅绍正, 朱锦余. 低层次公允价值计量导致更高审计收费吗?——来自中国上市银行的证据 [J]. 会计研究, 2020, (05): 17-29.

[165] 花冯涛. 不确定性与公司特质风险: 基于隐含权益资本成本的中介效应检验——兼论独立董事的调节作用 [J]. 管理评论, 2021, 33(02): 249-262.

[166] 黄霖华, 曲晓辉, 张瑞丽. 论公允价值变动信息的价值相关性——来自A股上市公司可供出售金融资产的经验证据 [J]. 厦门大学学报(哲学社会科学版), 2015, (01): 99-109.

[167] 黄霖华, 曲晓辉. 证券分析师评级、投资者情绪与公允价值确认的价值相关性——来自中国A股上市公司可供出售金融资产的经验证据 [J]. 会计研究, 2014, (07): 18-26+96.

[168] 黄雅玲. 层级视角下我国公允价值信息披露现状分析 [J]. 财会通讯, 2017, (22): 37-41.

[169] 姜付秀, 陆正飞. 多元化与资本成本的关系——来自中国股票市场的证据 [J]. 会计研究, 2006, (06): 48-55+97.

[170] 姜付秀, 支晓强, 张敏. 投资者利益保护与股权融资成本——以中国上市公司为例的研究 [J]. 管理世界, 2008, (02): 117-125.

[171] 姜晓军. 公允价值在我国会计准则应用中存在的问题及对策 [J]. 纳税, 2018, (05): 67.

[172] 蒋琰, 陆正飞. 公司治理与股权融资成本——单一与综合机制的治理效应研究 [J]. 数量经济技术经济研究, 2009, 26(02): 60-75.

[173] 李超, 田高良. 上市公司内部控制质量与权益资本成本关系研究 [J]. 中国注册会计师, 2011(09): 61-65.

[174] 李端生, 柳雅君, 邓洁. 公允价值分层计量与分析师盈余预测关系研究 [J]. 经济问题, 2017, (11): 101-107.

[175] 李将敏, 陈淑芳. 内部控制缺陷披露对资本成本的影响研究——基于沪深两市A股的经验数据 [J]. 西安财经学院学报, 2014, 27(06): 54-60.

[176] 李姝, 赵颖, 童婧. 社会责任报告降低了企业权益资本成本吗?——来自中国资本市场的经验证据 [J]. 会计研究, 2013, (09): 64-70+97.

[177] 李祎, 刘启亮, 李洪. IFRS、财务分析师、机构投资者和权益资本成本——基于信息治理观视角 [J]. 会计研究, 2016(10): 26-33+96.

[178] 李永, 王亚琳, 邓伟伟. 投资者情绪、异质性与公司债券信用利差 [J]. 财贸研究, 2018, 29(03): 100-110.

[179] 梁娟. 私募股权投资基金股权类金融资产公允价值估值探讨 [J]. 财会研究, 2022, (06): 60-67.

[180] 廖义刚. 环境不确定性、内部控制质量与权益资本成本 [J]. 审计与经济研究, 2015, 30(03): 69-78.

[181] 林晚发, 刘颖斐, 赵仲匡. 承销商评级与债券信用利差——来自《证券公司分类监管规定》的经验证据 [J]. 中国工业经济, 2019, (01): 174-192.

[182] 刘娟. 信息披露质量与企业权益资本成本相关性研究——兼论机构投资者的作用 [J]. 财会通讯, 2018, (09): 28-32.

[183] 刘思淼. 公允价值计量的发展与监管启示 [J]. 会计研究, 2009, (08): 21-23.

[184] 刘永泽, 孙翯. 我国上市公司公允价值信息的价值相关性——基于企业会计准则国际趋同背景的经验研究 [J]. 会计研究, 2011, (02): 16-22+96.

[185] 罗家慧, 罗丽佳, 左元红, 杨丹丹, 诸凌潇. 基于上海A股市场的市场有效性检验 [J]. 时代金融, 2016, (09): 156-158.

[186] 吕建明. 如何在财务会计中采用公允价值 [J]. 中国集体经济, 2019, (06): 136-137.

[187] 毛新述, 叶康涛, 张頔. 上市公司权益资本成本的测度与评价——基于我国证券市场的经验检验 [J]. 会计研究, 2012, (11): 12-22+94.

[188] 毛志宏, 刘宝莹, 冉丹. 公允价值分层计量对上市公司信息风险的影响——基于沪深A股市场的经验证据 [J]. 吉林大学社会科学学报, 2014a, 54(05): 57-64+172.

[189] 毛志宏, 刘宝莹, 王婧. 公允价值分层计量与股价同步性——基于沪深A股市场的分析 [J]. 税务与经济, 2014b, (05): 27-34.

[190] 毛志宏, 徐畅. 公允价值分层计量如何影响分析师盈余预测——来自中国A股市场的证据 [J]. 财贸研究, 2017, 28(12): 95-106.

[191] 倪中新, 武凯文, 周亚虹, 等. 终极所有权视角下的上市公司股权融资偏好研究——控制权私利与融资需求分离 [J]. 财经研究, 2015, 41(01): 132-144.

[192] 欧阳才越，谢妍，熊家财. 控股股东股权质押与新发行公司债券定价 [J]. 山西财经大学学报，2018, 40(01): 26-38.

[193] 潘俊，王禹，景雪峰，等. 政府审计与地方政府债券发行定价 [J]. 审计研究，2019, (03): 44-50.

[194] 邱杨茜，叶展. 高管股权激励对公司债定价的影响研究 [J]. 厦门大学学报（哲学社会科学版），2019, (02): 82-91.

[195] 屈博，庞金峰. 有摩擦条件下中国股票市场的弱式有效性研究 [J]. 金融与经济，2016, (03): 73-78.

[196] 冉丹. 公允价值分层披露、信息不对称与公司治理 [D]. 吉林：吉林大学，2016.

[197] 任月君，郑梦茹，赵尹铭. 公允价值层级披露与会计信息风险相关性研究 [J]. 财经问题研究，2017, (12): 83-89.

[198] 邵莉，吴俊英. 不同层级公允价值信息的决策有用性研究——基于我国A股金融业的经验分析 [J]. 西部论坛，2012, 22(03): 102-108.

[199] 佘晓燕，毕建琴. 负面偏好与上市企业披露内部控制缺陷信息关系研究 [J]. 管理科学，2018, 31(04): 45-61.

[200] 苏明. 已实现收益、未实现收益与股权资本成本 [J]. 云南财经大学学报，2015, 31(04): 111-119.

[201] 苏忠秦，沈中华，黄登仕. 政治关联、终极控制人性质与权益资本成本 [J]. 南方经济，2012, (10): 74-87+101.

[202] 孙丽霞. 公允价值层级、银行公司治理与银行系统性风险——基于我国14家上市商业银行的面板数据 [J]. 财会通讯，2017, (06): 28-31.

[203] 谭洪涛，蔡利，蔡春. 公允价值与股市过度反应——来自中国证券市场的经验证据 [J]. 经济研究，2011, 46(07):130-143.

[204] 佟孟华，许东彦，郑添文. 企业环境信息披露与权益资本成本——基于信息透明度和社会责任的中介效应分析 [J]. 财经问题研究，2020(02): 63-71.

[205] 万明滨，翁穆丹. 投资性房地产公允价值模式利弊分析——以城市轨道交通企业为例 [J]. 商业会计，2021, (13): 105-109.

[206] 汪炜，蒋高峰. 信息披露、透明度与资本成本 [J]. 经济研究，2004, (07): 107-114.

[207] 王晨嫣, 张先治. 公允价值分层计量如何影响内部代理成本: 信息效应还是激励效应 [J]. 商业研究, 2020, (05): 44-54.

[208] 王芳, 周红. 担保方式效应与独立审计需求——基于中国债券市场的研究 [J]. 会计研究, 2015, (07): 71-78+97.

[209] 王国刚. 论"公司债券"与"企业债券"的分立 [J]. 中国工业经济, 2007, (02): 5-11.

[210] 王雷, 李冰心. 强制分层披露提高了公允价值信息的决策有用性吗?——基于中国A股上市公司的经验证据 [J]. 审计与经济研究, 2018, 33(04): 86-95.

[211] 王亮亮. 真实活动盈余管理与权益资本成本 [J]. 管理科学, 2013, 26(05): 87-99.

[212] 王敏, 夏勇. 内部控制质量与权益资本成本关系研究述评与展望 [J]. 经济与管理研究, 2011, (05): 49-55.

[213] 王守海, 刘志强, 张叶, 等. 公允价值、行业专长与审计费用 [J]. 审计研究, 2017, (02): 48-56.

[214] 王守海, 吴双双, 张盼盼. 非活跃市场条件下公允价值审计研究 [J]. 审计研究, 2014, (02): 95-99.

[215] 王曙亮, 陈少华. 公允价值应用过程的风险分析及控制——基于投资者的视角 [J]. 当代财经, 2011, (06): 121-128.

[216] 王文华, 沈晓莉. 信息披露质量与权益资本成本关系研究——基于高科技行业与一般行业上市公司的比较研究 [J]. 商业会计, 2018, (01): 71-73.

[217] 王雄元, 高开娟. 如虎添翼抑或燕巢危幕: 承销商、大客户与公司债发行定价 [J]. 管理世界, 2017, (09): 42-59+187-188.

[218] 王雪媛, 秦晓东. 公允价值计量理论的研究综述 [J]. 财会月刊, 2015, (10): 100-104.

[219] 王艺霖, 王爱群. 内控缺陷披露、内控审计对权益资本成本的影响——来自沪市A股上市公司的经验证据 [J]. 宏观经济研究, 2014, (02): 123-130+143.

[220] 吴鹏琳, 于谦龙. 公允价值分层计量案例研究 [J]. 财会通讯, 2020, (19): 96-100.

[221] 吴益兵. 内部控制审计、价值相关性与资本成本 [J]. 经济管理, 2009, 31(09): 64-69.

[222] 肖珉, 沈艺峰. 跨地上市公司具有较低的权益资本成本吗?——基于"法与

金融"的视角 [J]. 金融研究, 2008, (10): 93-103.

[223] 谢明柱, 王磊. 分层计量原则下上市公司公允价值计量与信息风险关系研究 [J]. 天津商业大学学报, 2016, 36(05): 59-63.

[224] 徐畅. 公允价值分层计量与分析师盈余预测效率的关系研究 [D]. 吉林: 吉林大学, 2016.

[225] 徐浩萍, 吕长江. 政府角色、所有权性质与权益资本成本 [J]. 会计研究, 2007, (06): 61-67+96.

[226] 闫华红, 王淑祎. 公允价值计量对金融企业会计信息质量的影响分析 [J]. 财务与会计, 2021, (12): 51-54.

[227] 严晓玲. 基于层级视角的公允价值研究综述 [J]. 福建商学院学报, 2017, (03): 46-51.

[228] 杨大楷, 王鹏. 盈余管理与公司债券定价——来自中国债券市场的经验证据 [J]. 国际金融研究, 2014, (04): 86-96.

[229] 杨克智, 刘璐, 李久卫. 公允价值计量会计准则运用中应当关注的几个核心问题 [J]. 商业会计, 2019, (03): 85-87.

[230] 杨清香, 俞麟, 宋丽. 内部控制信息披露与市场反应研究——来自中国沪市上市公司的经验证据 [J]. 南开管理评论, 2012, 15(01): 123-130.

[231] 杨书怀. 公允价值分层计量、环境不确定性与审计质量 [J]. 审计研究, 2018, (02): 104-112.

[232] 叶康涛, 成颖利. 审计质量与公允价值计量的价值相关性 [J]. 上海立信会计学院学报, 2011, 25(03): 3-11.

[233] 叶康涛, 陆正飞. 中国上市公司股权融资成本影响因素分析 [J]. 管理世界, 2004, (05): 127-131+142.

[234] 尹世芬, 王润. 公允价值计量对上市银行信息披露及盈余管理的影响 [J]. 财会月刊, 2015, (06): 25-28.

[235] 尹宗成, 马梦醒. 公允价值分层计量与股价相关性研究——来自沪深A股金融类上市公司金融资产的分析 [J]. 经济问题, 2016, (09): 107-111.

[236] 于静霞, 周林. 货币政策、宏观经济对企业债券信用利差的影响研究 [J]. 财政研究, 2015, (05): 49-57.

[237] 曾靓, 戴文涛. 强制性内部控制审计对企业权益资本成本的影响——来自渐

进双重差分模型的经验证据 [J]. 财经问题研究, 2021, (10): 103-111.

[238] 曾雪云, 王丹妮. 银行和保险部门的金融资产公允价值信息风险与决策有用性边界——基于文献述评 [J]. 财务研究, 2016(01): 79-85.

[239] 曾颖, 陆正飞. 信息披露质量与股权融资成本 [J]. 经济研究, 2006, (02): 69-79+8.

[240] 张琛. 高管股权激励、内部控制缺陷披露与资本成本研究 [J]. 会计师, 2016, (11): 3-4.

[241] 张国华, 曲晓辉. 市场环境、公允价值输入值层次及估值技术 [J]. 会计之友, 2018, (04): 7-10.

[242] 张金若, 王炜. 金融行业上市公司公允价值会计的价值相关性 [J]. 中南财经政法大学学报, 2015, (03): 79-86+159-160.

[243] 张金鑫, 王逸. 会计稳健性与公司融资约束——基于两类稳健性视角的研究 [J]. 会计研究, 2013, (09): 44-50+96.

[244] 张俊民, 王文清, 傅绍正. 内部控制审计模式影响权益资本成本吗? [J]. 中央财经大学学报, 2018, (02): 65-75.

[245] 张然, 王会娟, 许超. 披露内部控制自我评价与鉴证报告会降低资本成本吗?——来自中国 A 股上市公司的经验证据 [J]. 审计研究, 2012, (01): 96-102.

[246] 张先治, 季侃. 公允价值计量与会计信息的可靠性及价值相关性——基于我国上市公司的实证检验 [J]. 财经问题研究, 2012, (06): 41-48.

[247] 张雪莹, 焦健. 信息不对称与债券担保——基于中国债券市场的检验 [J]. 南方经济, 2017, (04): 53-70.

[248] 张正勇, 邓博夫. 社会责任报告鉴证会降低企业权益资本成本吗? [J]. 审计研究, 2017, (01): 98-104+112.

[249] 赵建华, 宋金, 夏越冰, 等. 货币政策、金融发展水平与债务融资成本 [J]. 投资研究, 2020, 39(04): 65-76.

[250] 郑春美, 谭洁, 段川川. 公允价值计量模式的层级转换研究——基于次贷危机的经济后果分析 [J]. 财会通讯, 2010, (15): 33-35+161.

[251] 支晓强, 何天芮. 信息披露质量与权益资本成本 [J]. 中国软科学, 2010, (12): 125-131.

[252] 周宏, 何剑波, 赵若瑜, 等. 投资性房地产公允价值计量模式对企业债务融

资风险的影响——基于 2009—2016 年我国 A 股房地产上市公司数据的实证检验 [J]. 会计研究 , 2019, (05): 42-50.

[253] 周宏 , 建蕾 , 李国平 . 企业社会责任与债券信用利差关系及其影响机制——基于沪深上市公司的实证研究 [J]. 会计研究 , 2016, (05): 18-25+95.

[254] 周宏 , 林晚发 , 李国平 , 等 . 信息不对称与企业债券信用风险估价——基于 2008—2011 年中国企业债券数据 [J]. 会计研究 , 2012, (12): 36-42+94.

[255] 周宏 , 徐兆铭 , 彭丽华 , 等 . 宏观经济不确定性对中国企业债券信用风险的影响——基于 2007—2009 年月度面板数据 [J]. 会计研究 , 2011, (12): 41-45+97.

[256] 周中胜 , 罗正英 , 周秀园 , 等 . 内部控制、企业投资与公司期权价值 [J]. 会计研究 , 2017(12): 38-44.

[257] 朱茶芬 , 李志文 . 国家控股对会计稳健性的影响研究 [J]. 会计研究 , 2008, (05): 38-45+95.

[258] 朱丹 , 刘星 , 李世新 . 公允价值的决策有用性：从经济分析视角的思考 [J]. 会计研究 , 2010, (06): 84-90+96.

[259] 庄学敏 , 罗勇根 . 公允价值可靠性、相关性与内部控制质量——基于公允价值层级理论的经验研究 [J]. 现代财经 (天津财经大学学报), 2014, 34(12): 71-80.

后 记

本书获得了上海市高水平学科建设项目（管理科学与工程）、上海市会计学会重点课题（SHKJ2018ZD01）"上市公司公允价值分层计量中的信息有偏风险与治理研究（后改名为：公允价值分层计量案例研究）"的资助。

我的研究团队从 2016 年开始从事公允价值计量的研究，相关研究成果陆续在《财会通讯》《南京审计大学学报》等核心期刊上发表，直到目前我还保持着对该领域的研究热情。我主要负责全书的构思、撰写与修整，我指导的研究生主要负责如下章节的撰写工作。

吴鹏琳主要参与第二章相关内容的撰写；丁丽丽、郭佳利主要参与第三章相关内容的撰写；严成主要参与第四章相关内容的撰写；徐婷婷主要参与第五章相关内容的撰写。

感谢上海理工大学管理学院的赵来军、汪维、张永庆、宋良荣、张峥、何建佳、王疆、宋鑫、仲伟冰、张英婕、赵洪进、王永联、黄玉颖等老师的支持与帮助。感谢南京信息工程大学王让会教授、上海立信会计金融学院顾晓敏教授、上海社科院经济研究所陈明艺副研究员、上海商学院王小平副教授、上海海事大学伍大清副教授、云南民族大学孟令熙副教授、上海工程技术大学李毅敏博士等给予的指导与帮助。

感谢我的父母、弟弟与妹妹。感谢我的爱人沈燕女士的长期理解与支持。

书中定有不足之处，还望读者不吝赐教。

于谦龙

2022 年 12 月